岩波現代全書
062

ドイツ・ユダヤ思想の光芒

GendaIzensho
岩波現代全書
062

ドイツ・ユダヤ思想の光芒

佐藤貴史
Takashi Sato

目次

序章
二つの偉大な都市
アテネとエルサレム

アテネ

エルサレム

アテネとエルサレム——人間の理性と神の啓示を象徴する二つの偉大な都市は、ヨーロッパ文化を規定するだけでなく、人類の歴史と文明に大きな影響力をふるってきた。二〇世紀初頭のドイツ・ユダヤ人もまたその影響圏のなかで思索を重ね、しかも啓蒙主義とキリスト教という「正統な」近代ヨーロッパ思想史とは異なる道を歩んでいった。〈ドイツ・ユダヤ思想の光芒〉は、ヨーロッパ的近代とは一線を画した独自のテーマ群を照らしはじめた。

かつてレオ・シュトラウス(一八九九―一九七三)は「政治哲学とは何であるか?」の冒頭において、きわめて美しい文章でエルサレムを讃えたことがある。

> この都市では、そしてこの土地では、政治哲学のテーマ――「正しい都市、信義篤き都市」――は地球上の他のどこよりも真剣に取り扱われてきた。この聖なる地におけるほど、正義と正しい都市への切望が、もっとも純粋な心ともっとも高邁な魂をそのような熱意で満たしてきたところは他にない(Strauss 1988, 9/一)。

神の啓示が下った聖地エルサレムで、アテネにあらわれた政治哲学について語ること――ドイツ生まれのユダヤ人政治哲学者シュトラウスにとって、これはきわめて名誉な出来事であり、同時に困難な仕事だったはずである。また読者は、このシュトラウスの賞賛を通して、人間と神、理性と啓示という古典的テーマを強烈に意識することになるのではないだろうか。

すなわち、「正しい都市、信義篤き都市」や「正義と正しい都市への切望」という言葉からも窺われるように、ギリシア、中東、そしてヨーロッパの文化史において、二つの偉大な都市〈アテネとエルサレム〉が象徴しているのは、〈正しい生き方〉をめぐる理性と啓示の伝統である。またアテネにおいては、哲学は政治と不可分の関係にあり、それは真理と道徳を賭けた真剣な戦いであった。ソクラテスの裁判を思い起こすだけで十分であろう。

アテネにおける哲学と政治、そしてエルサレムにおける宗教という厄介な問題は相互に関係しながら、ヨーロッパ文化を根本的に規定し、人類の歴史と文明に大きな影響を与えてきたのである。「アテネはエルサレムと何の関係があるというのか。アカデメイアと教会の間に、また異端者とキリスト教徒の間に、どのような一致があると言うのか」（ゴンザレス 二〇一〇、二〇五―二〇六）と、テルトゥリアヌス（一五五頃―二二〇頃）は喝破した。テルトゥリアヌスの意図はどうであれ、この言葉はキリスト教の立場からアテネに向けて語られた強烈なメッセージとして受容され、解釈されてきた。この言葉の奏で方ひとつで、ヨーロッパ思想史はまったく違う相貌をあらわすのであり、そこにはヨーロッパ文化が持つほとんど無限とも言える可能性が示されている。

フランスのカトリック神学者エティエンヌ・ジルソン（一八八四―一九七八）は、「テルトゥリアヌスの家族」の一員としてタティアノス、聖ベルナールなどの名前もあげながら、フランシスコ会修道士で詩人のヤコポーネ・ダ・トディの詩を紹介している（ジルソン 一九八二、一五―一八）。

プラトンとソクラテスは論争し
その身体の全呼吸を費し
終わることなく議論するであろう――

それが一体私にとって何であろうか
純粋にして素朴な心のみ
天に向けて真直ぐにその道を見出し
神《キング》にまみえる——はるか後方に
世の哲学はある

ロシア系ユダヤ人のレフ・シェストフ（一八六六—一九三八）を知っているだろうか。戦前の日本では「シェストフ的不安」という言葉とともに一時期流行し、三木清（一八九七—一九四五）によって『シェストフ選集』が編まれている。一九三八年、シェストフは『アテネとエルサレム』という書物を書いている。そこにはテルトゥリアヌスにも劣らず、激しい言葉が並んでいた。

シェストフによれば、「アテネとエルサレム」「宗教の哲学」は内容的な矛盾に陥り、人々を苛立たせてきた。むしろ、「アテネかエルサレムか?」「宗教か哲学か?」というディレンマを設定したほうがよいのではないか。もし歴史の裁きに尋ねるならば、歴史はこう答えるだろうと、彼は書いている。「幾世紀もの間にわたって、人間精神の最上の代表者たちは、アテネをエルサレムに対置しようとするあらゆる試みを、我が身から追い出し続け、「アテネとエルサレム」の「と」を常に強烈に支持し、「アテネかエルサレムか?」の「か?」を執拗に消し去ろうとして来たと」（シェストフ 一九七五、七）。

シェストフの問題提起は興味深い。二つの偉大な都市のあいだにある〈と〉は、本当に〈と〉の役割を果たしうるのだろうか。シェストフは、人々にどちらの都市の住民になるか選択するよう迫る。

ドイツのプロテスタント神学者エルンスト・トレルチ（一八六五―一九二三）は、無理な二者択一を性急に押しつけることなく、二つの偉大な都市について語る。彼はルネサンスと宗教改革を取り上げ、そこには「ヨーロッパ的生の根源的対立」があると言う。すなわち、「預言者的・キリスト教的な宗教世界と古代の精神文化」に由来する根源的対立である（Troeltsch 1913(2001), 369／七四）。

キリスト教的禁欲はつねに新たに超感覚的なものの王国を建設し、そのことによって一切の自然の壮麗さや現世固有の力を、真剣で厳粛なものの高次の世界に従属させて秩序づけるのであるが、これを獲得するためには福音書における高価な真珠〔のたとえ話〕と同様に一切をあげて献身せねばならない。他方でこれに対して、自然の要求や衝動、世界を美的に観照しようとする感情、創造する力の意識、古代の伝統、そしてあらゆるものを疑う普遍的思惟がつねに新たに反乱を起こすのである（Troeltsch 1913(2001), 369／七四―七五）。

緊張をはらみながらもヨーロッパ文化を形成し、そしてその将来を規定し続けるような二つの文化勢力について述べられており、ここにトレルチにおけるアテネとエルサレムの問題を見出すことができる。高次の世界にみずからの力を従属させる生き方とあらゆるものに疑問を持つ精神は、対立と和解をくり返しながら、近代ヨーロッパ世界へと流れ込んでいったのである。

ユルゲン・ハーバーマス(一九二九―)もまた、このテーマに大きな関心を寄せている現代哲学者のひとりである。彼の宗教論は政治理論や社会学の文脈では、宗教的市民と世俗的市民の相互補完的な関係として論じられる。しかし、この問題はハーバーマスの思想のなかではより包括的なテーマである「哲学と宗教」あるいは「知識と信仰」の関係としても取り上げられるべきものである。

ハーバーマスは宗教に対する理性の優位を考えているのではないかと批判されるときもあるが、彼は哲学が宗教的言語や価値を完全に把握できるとは考えていないこともわかる。曰く、「宗教的言語の意味論的内容のなかには、哲学的言語の表現力では(さしあたり?)手に負えないもの、基礎づけを行う討論への翻訳がいまなお待望されているようなものとしてわれわれに霊感を与えるもの、ともかく廃棄できないものがある。こうしたものがある限り、哲学は、形而上学以後の形態をとるときでも、宗教にとって代わることもできなければ、宗教を抑圧することもできないであろう」(Habermas 1988, 60／七二)。

引用文中の「さしあたり?」がどのような含みを持っているかは判断に迷うところであるが、哲学、言い換えれば、誰もが納得できる正しい生活を主張できる理論を持っていない「ポスト形而上学の思想」では扱いきれない積極的な機能が、やはり宗教にはあることが示されている。

……さまざまな聖典や宗教的伝統においては、堕落と救済、汚れきっていると感じられた人生から救われて離脱するといったことについての直観が何千年にわたって精妙に語られ続け、さらには解釈を通じて生き生きと保たれてきている。それゆえ、宗教的共同体の礼拝に集う人々の生においては、ドグマ主義と良心への強制が避けられている限り、他の場所では失われてしまったものが無傷で残っていることが十分ありうるのだ。この失われたものは、専門家の職業的知識だけで再生したりできるものではない(Habermas 2009, 115／一八)。

それでは、宗教のなかにはいかなる内実が残っているのだろうか。ハーバーマスは言う。「この無傷の何ものかとは、何をもって誤った生とするかについての、また社会的パトロギー、個人的な人生設計の失敗、ゆがめられた生活のありようについての、十分に複雑な表現の可能性であり、センシビリティである」(Habermas 2009, 115／一八)。

また「知識と信仰」の問題を歴史的に考えてみると、「キリスト教とギリシアの形而上学の相互浸透」(Habermas 2009, 115／一九)は異文化間の翻訳のプロセスとして理解することができる。「神の似姿としての人間という表現が、どんな人間にも備わる、同じように、そして絶対に尊重されねばならない尊厳という考えに翻訳されたのは、こうした救済する翻訳の例である」(Habermas 2009, 115-116／一九)。「無傷の何ものか」として残っているかもしれない宗教的価値が、翻訳という行為を通して、「当該の宗教的共同体の境界を越えて、信仰を異にする人々、あるいは無信仰の人々を含む広い公衆に解き明かされてくるのである」(Habermas 2009, 116／一九)。

あるいは、ヴァルター・ベンヤミン(一八九二―一九四〇)、マックス・ホルクハイマー(一八九五―一九七三)、テオドール・アドルノ(一九〇三―一九六九)といったハーバーマス自身が深く学んだユダヤ人思想家の名前を並べながら、彼がドイツの「過去との向かい合い」(アドルノ)を語るとき、世俗的言語でありながら、それを越えたものが示唆されざるをえないという事実を次のように書いている。「罪が法的責任に変わったとき、何かが失われたのです。というのも、赦しを求める願いは、他者に与えた苦しみを起きなかったことにしたいという感傷的ならざる願いと、今なお結びついているからです。……償おうとしても償いきれないものがあることを自覚するそうした機会の中で、信仰とは無縁になった現代人もまた、世俗言語に翻訳された形でしか知らなかった以上のものを、お互いに負債として背負っており、また自分でも必要としているのだとわかるのです」(ハーバーマス 二〇〇九、二七七―二七八)。

ハーバーマスはホルクハイマー論のなかで、ポスト形而上学の思想と宗教を比べ、「前者は無制約性の意味を神や絶対者を引き合いに出すことなく救済する点で区別される」(ハーバーマス 二〇〇六、一三〇)と書いている。彼によれば、「宗教は慰めによって避けられない苦しみ、あがなえない不正、困窮、孤独、病そして死などの偶然的な出来事を別の姿に見せかけ、耐えることを教えたが、ポスト形而上学の思想という条件のもとで、哲学はそのような慰めの埋め合わせをすることができないのである」(ハーバーマス 二〇〇六、一三一)。

哲学は「何事かを公正に正義、不正義として判断を下す際の道徳的見地について説明を行うこと」(ハーバーマス 二〇〇六、一三二)はできるだろう。しかし同時に哲学の尊厳は、「根拠のある発言がなされる討議の場において、正当化されない妥当性要求は認知されえないということに頑なにこだわる」(ハーバーマス 二〇〇六、一三二)点に存しているのである。

ユダヤ教とキリスト教、哲学、そして古代・中世・近代ではアテネとエルサレムに対する考え方が大きく違うことは当然であるが、ヨーロッパ文化におけるこのテーマの根深さと重要性を示すために、哲学的・宗教的立場の如何を問わず、アテネとエルサレムの問題にふれている神学者や思想家のテクストを概観してみた。

それではユダヤ思想史のなかにアテネとエルサレムの問題を探る場合はどうであろうか。ユリウス・グットマン(一八八〇—一九五〇)はユダヤ教の哲学の発端をこう書いている。

ユダヤ民族は、やむにやまれぬ欲求にかられて哲学しはじめたのではない。彼らは外部の数々の源泉から哲学を受容したのであり、それゆえユダヤ哲学とは異邦の思想の漸次的吸収の歴史である。その際、異邦の思想はユダヤ教特有の視点に基づいて変容され、それに見合ったものに変えられたのだった(Gutmann 1964, 3/三)。

さらに彼が述べるように、「古代以来、ユダヤ哲学(jewish philosophy)は本質的にはユダヤ教の[をめぐる]哲学(philosophy of Judaism)だった」(Gutmann 1964, 4/四)。ユダヤ哲学の自立性と特徴は宗教的方向性のうちにあり、「ユダヤ哲学は一神教的啓示宗教に固有な意味での宗教哲学であるが、その精神的深遠さゆえに、また、みずから真理たらんとするがゆえに、自立した精神的力として哲学と対峙しえたのである」(Guttmann 1964, 4／四)。

このことに関連して、興味深い指摘がある。「まさに本書〔『ユダヤ教の哲学』〕のタイトルがひとつのプログラムを含んでおり、その基本的な方向性――宗教哲学者の方向性を示している。ちょうど法哲学者が法について哲学し、芸術哲学者が芸術について哲学するのと同じように、宗教哲学者は宗教について哲学するのである」。哲学するためには法、芸術、そして宗教などが「現実の領域」として実在していなければならないということが暗黙の前提となっている(Werblowsky 1964, viii)。そして、そこでは宗教には倫理など他の領域とは区別される特殊な性格があり、宗教を宗教たらしめているもの、すなわち宗教に固有の本質のようなものが想定されなければならないのである。

こうしてグットマンにとって「ユダヤ哲学」とは「ユダヤ教の〔をめぐる〕(宗教)哲学」として理解されているのであり、ユダヤ的哲学なるものは存在しないことになる。そもそも先にも述べたように、「ユダヤ哲学とは異邦の思想の漸次的吸収の歴史」だった。ユダヤ教の哲学とは〈ユダヤ教を哲学すること〉であり、彼の課題は〈ユダヤ教という宗教の哲学的反省〉、そしてその歴史を叙述することであったと考えられる。

さてユダヤ思想における異質なものとの出会いの歴史は、まずヘレニズム時代に生じたのであり、アテネとエルサレムの邂逅はアレクサンドリアのフィロン(前二五―後四五／五〇)というひとりの人間のなかで起きたと言えよう。ユダヤ教をひとつの哲学体系とみなし、「ストア派によって練り上げられた寓意的方法を援用しながら、フィロンはモーセ五書の歴史と法の双方に関する部分の哲学的再解釈に成功した」(Guttmann 1964, 24／二三—二四)。

　また井筒俊彦(一九一四—一九九三)によれば、フィロンは「旧約聖書のテクストの中に、プラトンのイデア論を読み取ったのである。それは一つの極めて大胆な、ユダヤ思想のギリシア化の試みであった」(井筒 一九八八、九)。ただし、そのフィロンの思想はユダヤ哲学の発展に何の影響も与えることなく、彼の死とともに終わってしまった。「ユダヤ思想はイスラーム時代においてはじめてギリシア思想に出会った——少なくとも本格的な形では——と言っても決して間違いではないのである」(井筒 一九八八、九)と、彼は言い添えている。

　ユダヤ哲学史におけるフィロンの位置づけはどうであれ、フィロンがアテネとエルサレムのあいだで生きた住民であったことに変わりはない。そのフィロンが別の姿を取りながら一九世紀中葉のドイツにふたたび登場し、さまざまな仕方で二〇世紀のドイツ・ユダヤ思想に影響を及ぼした。フィロンの再来である。トレルチは、新カント学派のヘルマン・コーエン(一八四二—一九一八)を次のように評している。

> 彼は、現代のフィロン(*Philo modernus*)であり、昔の折衷的で幾分偏狭なアレクサンドリアのフィロンとはその熱烈な気質と厳格な体系的精神によって異なってはいるが、しかし彼も、ア

レクサンドリアのフィロンと同じようにヘブライズムとメシアニズムを哲学的文化の諸力と結び合わせている(Troeltsch 1922b(2008), 819／(下)一一三)。

コーエンの「プラトンと預言者たちにおける社会的理想」を読むと、プラトンと預言者たちは「近代文化一般の二つのもっとも重要な源泉」(Cohen 1916a(2002), 299)と呼ばれている。彼にとって、社会的理想のなかの「根本的条件」として「科学的認識」(die *wissenschaftliche Erkenntnis*)と「宗教として固定化された倫理教説」(die als Religion stabilisierte *Sittenlehre*)は統一化されており、前者はプラトンのシンボルであり、後者は預言者たちのそれである(Cohen 1916a(2002), 299)。もちろん両者には違いもある。「……プラトンは倫理を認識の影響圏へ引き入れるのに対して、預言者たちにとって科学の精神は異質なままである」(Cohen 1916a(2002), 299)。

コーエンは、近代文化における二つの源泉を重視している。ただし次のように留保することも忘れない。「プラトンは、大衆の哲学する能力を否認する点においてのみ間違っている」。ここにプラトンのエリート主義的な側面に対するコーエンの批判を読み取ることができるが、「しかしプラトンは哲学的倫理なしに地上での平和を予見しない点では正しいと認められる」とも書いている(Cohen 1916a(2002), 335)。

いずれにせよ、プラトンも預言者たちも、コーエンにとって「人類の精神的指導者」(Cohen 1916a(2002), 335)であることに変わりはないのである。コーエンのなかではアテネとエルサレムは共存共栄できていることがはっきりと見て取れよう。

シュトラウスはコーエンの遺作『ユダヤ教の源泉からの理性の宗教』(一九一九)を読みながら、たしかに「哲学者は哲学という手段を用いて啓示を解明するだろうし、また、哲学的であろうと非哲学的であろうと、啓示を否定しもしくは懐疑する者たちに抗して、それをとくに擁護するだろう」と書いている(Strauss 1995, xxiii／一六〇)。しかし、このような追求は哲学的なものではない。「なぜならそれは、哲学者としての哲学者には立てられない仮定に、あるいはまた、哲学者としての哲学者には不可能な行為に立脚しているからである」(Strauss 1995, xxiii／一六〇)。そして、さらにこう続ける。

> コーエンは理性の宗教について語ることで、哲学とユダヤ教の関係を前述のように理解する仕方を排除している。「啓示は〔神による〕理性の創造である」。啓示は「ひとつの歴史的行為」ではない。コーエンにとって、語の正確な、あるいは伝統的な意味での啓示的真理や啓示的法はまったく存在しないのである(Strauss 1995, xxiii／一六〇　傍点引用者)。

シュトラウスはコーエンの遺作のタイトルに含まれている「理性の宗教」という言葉から、コーエンが哲学とユダヤ教の両立を考えていることを明確に指摘している。ただしその場合、コーエンのユダヤ教は伝統的なユダヤ教とは異なり、啓示や律法の理解が啓蒙主義や歴史主義によってかなりの変容を被っていることも事実であり、これはユダヤ教における近代問題である。

　このようなコーエンの主張に対して、シュトラウスの立場には、哲学者としての哲学者は啓示をユダヤ教徒と同じ仕方で探求し、理解できるのかという問題意識が強く反映している。トレルチが言うように、コーエンは「現代のフィロン」だったかもしれない。シュトラウスもまた、しばしばコーエンへの称賛を惜しむことなく、彼の名前に言及している。しかしコーエンとシュトラウスでは、アテネとエルサレムの関係をめぐってお互いが一致することなど所詮無理な話だったのであろう。なぜならシュトラウスは、アテネとエルサレムの対立について次のようにはっきりと述べているからである。

　哲学も聖書もともに、人間にとって必要なものが究極的にはひとつ、しかもただひとつだけ存在すると主張している。……聖書によれば必要なひとつのものとは恭順な愛であるが、哲学によれば自由な探究である。そして西洋の歴史は全体として、これら二つの対立する原理の妥協あるいは総合を達成しようとして、絶えずくり返されてきた試みと見ることができる。しかし、これらの試みはすべて失敗に終わってきたし、また必然的にそうならざるをえなかった（Strauss 1989a, 72／一二五―一二六）。

アテネとエルサレムのあいだを調停することは不可能であり、そこにはただ緊張関係だけがある。

しかし、シュトラウスの目から見れば、これこそ「西洋の生命力の秘密」(Strauss 1989a, 73/一二六)である。そもそも西洋は「矛盾のない社会」を許さないのであり、この世界が存在する限り、「哲学者を信用しない神学者は存在するだろうし、神学者に悩まされる哲学者も存在するだろう」(Strauss 1989a, 73/一二六)。そうであるならば、「哲学者と神学者の両方であることは誰にもできないし、実際にまた、哲学と神学の抗争を越える可能性も、両者をあえて総合しようとする可能性も存在しえない」(Strauss 1989b, 270/三四二)。シュトラウスはそれでよいと言う。アテネとエルサレムの問題は、究極的にはアテネかエルサレムかの問題という古典的対立へと変貌せざるをえないのである。

こうして議論は、ふたたびシュトラウスに戻ってくる。アテネとエルサレムはその時代、その場所によってさまざまな仕方で解釈されてきた。それゆえ、その思想的内容を十分な仕方で定義することは難しいが、本書では〈自律した理性の光に導かれる生き方〉と〈超越的な神の声にしたがう生き方〉をそれぞれ、アテネとエルサレムの名前によって象徴的に示すこととしたい。ただしアテネには哲学だけでなく、つねに政治の問題も反映していることを忘れないでいただきたい。冒頭のシュトラウスの引用がそれを示している。もちろん〈正しい生き方〉をめぐる議論はすぐれて政治的な問題だとも言えるので、「正しい都市、信義篤き都市」エルサレムもまた政治と無縁ではありえないはずだが。

このような内容を背景としたうえで、本書の第一の課題は、一九〇〇年頃から一九三〇年代中葉にかけてのドイツにあらわれたテクスト群、論争、対立を中心にして、そこから垣間見えるドイツ・ユダヤ人の思想的格闘を考察することである。そして第二の課題は、フランクフルト学派に代表されるような二〇世紀ドイツ・ユダヤ人の思想とは一線を画し、さらには啓蒙主義とキリスト教という「正統な」近代ヨーロッパ思想史とも完全には一致しない、もうひとつの思想史の可能性として、二〇世紀ドイツ・ユダヤ思想の由来とゆくえを描くことである。

ユダヤ・ルネサンス運動、ユダヤ・アイデンティティをめぐる葛藤、シオニズムと救済の問題、スピノザの裏切り、世俗的ユダヤ人の教育と自由ユダヤ学院、ユダヤ教の宗教哲学——すべてがスピノザ以来のユダヤ思想史の系譜に連なる〈ユダヤ的近代〉の問題である。すなわち、「正統な」ヨーロッパ的近代とは異なる近代が——複数？——存在するのであり、最終的に第二次世界大戦を潜り抜けたユダヤ的近代はヨーロッパ的近代に対して理性の自己破壊と無力な神を宣告することを余儀なくされたのである。言い換えれば、アテネとエルサレムという二つの偉大な都市がこれまでとは違う姿で、ふたたび人々の想像力／創造力をかきたてるひとつの巨大な問題群としてあらわれたとも考えることができよう。

先にアテネとエルサレムの問題は、ヨーロッパ思想史のなかでさまざまな弾き手によって奏でられてきたと述べた。しかし、この二つの偉大な都市は解釈という無限の活動のうちに巻き込まれながらも、思想史の主題としてはほとんど不動の地位を築いてきたと言っても過言ではない。その解釈と受容の歴史のなかで、アテネとエルサレムは〈ドイツ性とユダヤ性〉、〈シオニズムとメシアニズム〉、〈哲学者と神学者〉、またシュトラウスの言葉を借りれば〈啓蒙と正統派〉、〈哲学と法〉、〈神学―政治問題〉など、名前を変えながら一貫して二〇世紀ドイツ・ユダヤ思想の通奏低音《バッソ・コンティヌオ》として流れているのである。それゆえ、一見アテネとエルサレムの問題とは関係ないように思える内容も論じられているが、その根底では微かにひとつの旋律が鳴り響いていると信じている。

　こうして本書は〈ドイツ・ユダヤ思想の光芒〉を見届けようとする試みであるが、その内容は二〇世紀という極端な時代のなかで、ドイツ・ユダヤ人がみずからのアイデンティティと行く末をかけて奮闘した〈ドイツ・ユダヤ思想の攻防〉としても読めるはずである。

第１章

ぎこちない握手

ニーチェ的ユダヤ・ルネサンス

フリードリヒ・ニーチェ

マルティン・ブーバー

二〇世紀初頭のドイツにおけるユダヤ文化は、「ルネサンス」と形容されるほど多種多様な花を咲かせていた。ブーバーはその先頭に立って、アイデンティティの危機に苦しむドイツ・ユダヤ人たちを鼓舞した。彼らはルネサンス熱に浮かれながら、ニーチェやブルクハルトから多大な影響を受けたが、どこか確信を持てずにユダヤ教のなかに超人や善悪の彼岸を探し回った。彼らの奇妙な同盟はどこに向かうというわけでもなく、ただひたすらユダヤの伝統に回帰し、みずからのアイデンティティを新たに創造し続けたのである。

二〇世紀初頭からアドルフ・ヒトラー（一八八九―一九四五）の登場にいたるドイツは、さながら多様な言説が渦巻く思想的小宇宙のような時代であったが、そのなかでも「ユダヤ・ルネサンス」（jüdische Renaissance）は特筆に値する宗教文化的な現象である。本章の目的は、ユダヤ人思想家がユダヤ・ルネサンス運動にどのように関わったかを明らかにすることであるが、その際、議論の焦点になるのはユダヤ・ルネサンスがフリードリヒ・ニーチェ（一八四四―一九〇〇）の思想から多大な影響を受けていたという事実である。言ってみれば、〈非ユダヤ的なもの〉によるユダヤ的知の活性化とも呼べる現象が、二〇世紀初頭のドイツでは起こっていたのである。

とくに若きマルティン・ブーバー（一八七八―一九六五）の思想において、ニーチェとユダヤ教が奇妙な仕方で結びついていたのであり、それがさらに彼の屈折した近代批判として展開されていた。ユダヤ・ルネサンス運動は、しばしばブーバーの記念碑的論文「ユダヤ・ルネサンス」の内容によって代表されることが多く、もちろん、それ自体正当な試みである。ただ本章ではブーバーだけでなく、彼とは異なる境遇のユダヤ人、そしてほとんど名の知られていないユダヤ人の思想にも焦点を当て、ユダヤ・ルネサンス運動の多様な特質を明らかにしてみたい。

1　どこで踊るか――ユダヤ・ルネサンスの舞台

ユダヤ性とともに

さて、当時多くの若きユダヤ人思想家がみずからのユダヤ・アイデンティティを模索していたが、彼らと対比するうえでも、一九世紀中葉のドイツにユダヤ人として生まれながらも、ドイツ性／ドイツ人であるという意識のうちにそれほど大きな緊張を見なかった三人の代表的なユダヤ人思想家について簡潔にふれておこう。ピーター・ゲイはそのような思想家として、アカデミズムの内外で活動したヘルマン・コーエン、ゲオルク・ジンメル（一八五八―一九一八）、そしてアビ・ヴァールブルク（一八六六―一九二九）の名をあげている。

コーエンは新カント学派（マールブルク学派）の指導者としてわが国でもかなり早い時期から紹介されてきたが、現実はどうあれ彼のドイツ性とユダヤ性の関係は幸福な結婚の模範として紹介されてきたかもしれない。両者の結婚生活はきっとうまくいくだろうと考えていた彼にとって、一九一四年の第一次世界大戦の勃発はドイツ人とユダヤ人がお互いに手を取り合い、愛を確かめ合う絶好の機会であり、ひとつの「希望」であった（ゲイ　一九八七、一四四）。観念論としてのドイツ哲学とユダヤ教の内的類似性――「幸福主義の拒絶」や「理念」としての神――はコーエンにとって明白なものであり（Cohen 1910(2009), 321, 327）、彼は「ユダヤ人であることに、また、ドイツ人であることに誇りを抱いていた」(ゲイ　一九八七、一四五)。

キリスト教へ改宗せずにマールブルク大学の教授の地位を手にしたコーエンは、ドイツ・アカデミズム内部の輝かしい成功例であり、「ドイツ人らしさを少しも失うことなく、よりユダヤ人的になっていった多くのドイツ系ユダヤ人の一人」(ゲイ　一九八七、一四五)だった。

同じアカデミズムに残りながらも、コーエンのような幸福な道を歩めなかったのがジンメルである。彼の宗教意識はユダヤ教を含むあらゆる教義や宗派から遠ざかっていたが、「ユダヤ人」であるということだけで彼は拒絶された(ゲイ　一九八七、一四五―一四六)。

一九一四年の戦争に直面したとき、コーエンと同様に「ドイツ人愛国主義者」として挑んだにもかかわらず、戦争がはじまった年、ジンメルはやっとシュトラスブルク大学の教授に任命されたのであった。齢すでに五六歳に達しており、ベルリンで生まれ、そこで学び、講義まで担当した彼にとってみればシュトラスブルク行きは「穏やかな形の追放」(ゲイ　一九八七、一四七)であった。

三人目のユダヤ人は、アカデミズムの外で活躍したヴァールブルクである。裕福な銀行家のもとに生まれた彼は、みずからの図書館を完成させることに多くの力を費やした。精神的な病に陥りながらも、彼はルネサンス時代を中心に多くの仕事を成し遂げた。ヴァールブルクはみずからのユダヤ性を十分意識しながらも、コーエンのようにユダヤ教の研究をすることはなかった。

ゲイによれば、ヴァールブルクのテーマは大部分においてユダヤ的と呼べるものではなかったし、「実際、全然ユダヤ的ではなかったのである」(ゲイ　一九八七、一五九)。彼の中心テーマは「近代西欧世界における古代の存続」（ゲイ 一九八七、一五九）、すなわち異教の痕跡をたどることであった。教養あるドイツ人が抱くみずからはアテネの伝統に連なる正統派という意識――「理性と啓蒙と教養（Bildung）との勢力の一部」（ゲイ 一九八七、一五九）――と同じものを、エルサレムの伝統に出自を持つ彼もまた抱いていたのである。

コーエン、ジンメル、ヴァールブルク――彼らはそれぞれの仕方でみずからのユダヤ性に対峙していたが、ユダヤ教あるいはユダヤ文化それ自体をラディカルに問い詰め、その復興に深く関わる者はいなかったと言ってよい。三人のなかでもっともユダヤ性を意識していたのはコーエンであるが、彼のユダヤ性の議論はドイツ性との共生／総合を前提にしてなされたものであり、後の世代とは趣を異にしていたと言わざるをえない。この問題はドイツ・ユダヤ思想史を考えるうえで重要なテーマとなるので、ここで早急に答えを出さずに、本書のさまざまな個所でふれることにしよう。

ルネサンス崇拝《カルト》

このような三人のユダヤ人が実践したアイデンティティの形成とは別に、ユダヤ・ルネサンスのなかでは複雑な葛藤が生じていた。いや、正確に言えば、それは葛藤というよりも、積極的に非ユダヤ的なものを取り込みながら、ユダヤ文化の復興とユダヤ・アイデンティティの再構築を果たそうとする野心であり、逆説的にして意図せざる結果だったのかもしれない。つまり、ユダヤ・ルネサンスという〈宗教文化的な現象〉は、ユダヤ人の閉じたサークルのなかで起きたわけではないのである。

そもそも当時、ルネサンスという言葉にはきわめて多義的な意味が込められていたのであり、賛否両論、激しい議論が起きていた。たとえば、ニーチェは『反キリスト者』のなかで、ドイツ人、そしてキリスト教に対する苦々しい思いとともに次のように書いている。「ドイツ人のためにヨーロッパは、ヨーロッパのためにと刈りおさめられた最後の偉大な文化の収穫を奪われてしまった、――ルネサンスの文化を。ルネサンスとは何であったのかを、最後には理解してもらえるであろうか、理解しようとつとめてもらえるであろうか？　キリスト教的価値の価値転換、反対の価値に、高貴な価値に勝利をもたらすべく、あらゆる手段で、あらゆる本能で、あらゆる天才でくわだてられた試み……これまで偉大な戦いと言えば、これのみである……」（ニーチェ　一九九四b、二七四―二七五）。

あるいは「実にルネサンスは、われわれのこれまでの近代文化において、まだ二度とこれほど強烈になったことがないような積極的な諸力をもっていた。それは、あらゆる汚点や悪徳にもかかわらず、この千年の黄金時代であった」（ニーチェ　一九九四a、二五七）。

しかし、マルティン・ルター（一四八三―一五四六）による教会の復活という結末を前にして、その「偉大な戦い」も「一つの大いなる徒労」に終わったのであり（ニーチェ　一九九四b、二七五―二七六）、ドイツの宗教改革は「遅れた精神たちの精力的な抗議《プロテスト》」（ニーチェ　一九九四a、二五七）にすぎなかったのである。いずれにせよニーチェにとってルネサンスはヨーロッパの偉大な価値が復活し、思想が解放される一大事業だったのである。

このようなルネサンス賛美の発端は、一八五五年にフランスの歴史家ジュール・ミシュレ（一七九八―一八七四）がみずからの『フランス史』でルネサンスという言葉を用いたことに、その重要な出発点を見ることができると言う。しかし、それ以上に大きな影響力を持ったのは、ニーチェと親密な関係にあったヤーコプ・ブルクハルト（一八一八―一八九七）が一八六〇年に世に問うた名著『イタリア・ルネサンスの文化』であろう。

今日ではもはやブルクハルトのルネサンス・パラダイムがそのままで通用するということはないが、当時のドイツにおいて暗い中世に対する明るい近代としてのルネサンスのイメージは自分たちの時代を考え、何かを再生しようとするときの重要なモデルとなっていたのである。ブルクハルトはこう書いている。

中世においては、意識の両面――外界に向かう面と人間自身の内部に向かう面――は、一つの共通のヴェールの下で夢見ているか、なかば目覚めている状態であった。……しかし人間は自己を、種族、国民、党派、団体、家族として、あるいはそのほか何らかの一般的なものの形でだけ、認識していた。

イタリアではじめて、このヴェールが風の中に吹き払われる。国家および一般にこの世のあらゆる事物の客観的な考察と処理が目ざめる。さらにそれとならんで主観的なものも力いっぱいに立ちあがる。人間が精神的な個人となり、自己を個人として認識する(ブルクハルト 一九六六、一九四)。

「世界と人間の発見」というブルクハルトの代名詞とも呼べる歴史的理解がここにあらわれており、個人と近代はイタリアで覚醒したのである。同時に、たとえ再生のラッパがイタリアで鳴り響こうとも、古い文化にうんざりしていたドイツ人やユダヤ人の若い世代にとっては関係のないことだった。重要なのは古い文化を捨てて、自分たちの世代が時代を再生へと導いていくという契機をルネサンスという言葉のなかに見出せたことであった。

もちろんブルクハルトのルネサンス・パラダイムを冷めた目で見ていた者もいた。一九二九年にヴァルター・レームは「一九〇〇年頃のルネサンス崇拝とその克服」というテクストのなかで、こう書いている。

頽廃の問題は、ヒステリックなルネサンス主義や個人主義と密接に関連している。なぜなら増大したルネサンス崇拝《カルト》(Renaissancekult)は、紛れもなく頽廃の現象形式以外の何ものでもないからである。結果的に、ルネサンスへの熱狂や頽廃の意識に関する内的な条件が存在しているのである(Rehm 1929, 324)。

頽廃へと向かう不安が過剰に再生への意志をかきたて、それは異常なほどのルネサンス崇拝《カルト》にいたるという指摘は実に興味深い。先にニーチェの言葉を引用したが、レームによれば「トーマス・マンは以前から、『非政治的人間の考察』のなかでとくに詳細にヒステリックなルネサンス主義やニーチェによる生のロマン主義に起因する唯美主義に根本的に取り組んでいる」(Rehm 1929, 324)。このレームの指摘、そしてマンの考察が示しているように、頽廃、ルネサンス、そしてニーチェのあいだには思想史上の重要テーマが含まれていることがわかる。また、ドイツにおけるルネサンス崇拝《カルト》と共鳴し合うように、ユダヤ人思想家のあいだにもルネサンス熱が高まり、ニーチェ的な生の哲学が彼らに強烈な印象を与えていたのである。

もうひとつ、ブルクハルトはみずからのルネサンス理解を近代性の嚆矢としたが、このような時代区分論は〈古く暗い中世〉に対して〈新しく明るい近代〉を際立たせるという歴史学的な効果だけでなく、年老いた世代が来るべき世代に乗り越えられていくという世代間対立を強調する意味でも好まれたのである。アーウィン・パノフスキー(一八九二―一九六八)がかつて「ルネサンス――自己限定か、自己欺瞞か」(パノフスキー 一九七三、一一)と語ったように、みずからの時代を他の時代から分離し、区別するという行為にはつねに自分たちの立場の正当化や誇示といった意味も読み取れるが、いずれにせよユダヤ・ルネサンスという言葉によってユダヤ的近代という困難かつ不可避の課題が示唆されていることが理解できるだろう。

雑誌『東西』

さて、ブーバーの記念碑的論文「ユダヤ・ルネサンス」の内容を詳述する前に、彼の議論が展開された雑誌『東西』(Ost und West)についても説明しておかなければならない。雑誌の創刊号の冒頭には高らかな宣言が掲げられている。

われわれの現代において、ひとつの注目すべき変化が生じている。前世紀を通じてユダヤ教を満たし、外から引き入れられ混線した傾向のなかから、久しく見過ごされていたひとつの要素、つまり特殊ユダヤ的なニュアンスを持った文化がますますはっきりと際立ち、発展への権利を主張する。長いあいだ軽蔑され貶められていた古いユダヤ的生は立ち上がり、新しい時代の衣にくるまれ、ゆっくりと、しかし確実な歩みで王座への階段を上る。さらにまず個々の作品が若返った創造力を証明するが、毎日、あらゆる領域における活動の新しい徴がわれわれのもとにもたらされる。われわれの雑誌は、ユダヤ教の将来が属しているこの新しい精神に貢献することを願っている。この雑誌はあらゆる場所で刷新された生の動きをひとつにまとめ、育成し、そしてそれを表現することに貢献したいのである("Ost und West" 1901, 1-2)。

「特殊ユダヤ的なニュアンスを持った文化」が混沌のなかからひとつの文化として登場することが述べられ、それはさらに散発的な活動ではなく、この雑誌においてひとつの姿にまとめ上げられるということが力強く語られているが、この活動は何もドイツ、もっと言えば西ヨーロッパに限られているわけではない。雑誌のタイトルが示しているように、新しい時代のユダヤ文化は「地理学的な」意味だけでなく、「文化的に異なる土壌にあるユダヤ教の要素を相互にふたたび深く理解し合う」という課題を担っている。それは「われわれをまとめるか、ひとつにできるものすべて」を強調し、「共通の過去」を、とくに「あらゆる点で違いはあるが、同じものを相続したという資格が表現しているユダヤ人の今日的な努力や能力」を指し示すことによって成し遂げられるのである（"Ost und West" 1901, 3-4）。ここには西欧ユダヤ人が東欧ユダヤ人の文化に積極的に結びつこうとする、彼らの意志を見ることができる。

また、ユダヤ・ルネサンスにおいては芸術も重要な意味を持っていた。それを裏づけるかのように、やはり雑誌の巻頭言でも「単に偶然的にユダヤ人の作品であったり、おそらくせいぜいのところついでに聖書的テーマの画をとらえるのではなく」、「民族の魂がすすり泣いたり、歌ったりし、内容と形式において芸術とわれわれの種族の運命を形成するようなユダヤ的芸術と詩」の意義が語られている（"Ost und West" 1901, 1-2）。

さらにその一年後の巻頭言では、創刊号の言葉を受け止めながら、現状について反省している。たとえば、東と西の融合は簡単な企てではないことが率直に認められながらも、次のような決意が語られているのである。

たしかにいまだにユダヤの東と西は統一されていないが、われわれは大きく深い深淵を越えてゆく、たくさんの橋の建設に従事している。……仕事は前進しており、すぐにわれわれは軽く、木でできた小橋の代わりに、鉄と石からできた橋、あらゆる嵐に抗い、けっしてふたたび緩めることのできないひとつの結合を確立する橋を持つだろう（"Ost und West" 1902, 1–2）。

ユダヤ的芸術についても同様に、いまだそれは存在しないかもしれないが、「われわれ自身が思っているよりもたくさん、ユダヤ系の芸術家は存在し、彼らはますますユダヤ的テーマに取り組み、そのユダヤ的特性から非ユダヤ的内容の作品のなかへと入り込んでいる」（"Ost und West" 1902, 1–2, 3–4）。こうしてユダヤ・ルネサンス、そしてその舞台のひとつであった『東西』においては、ユダヤ人の活動が鼓舞され、その再生が意図されていたのである。

イメージと出会い

ところで、東への眼差し、すなわち東欧ユダヤ人の文化に対する積極的な評価は、ドイツ・ユダヤ思想史のテーマとして重要な視点を提示している。基本的に一九世紀の同化したユダヤ人にとって、東欧ユダヤ人は無教養で粗雑な存在として否定的に描写されていた。モーゼス・メンデルスゾーン（一七二九―一七八六）が聖書をドイツ語に翻訳したときも、その目的のひとつはイディッシュ語しか知らないユダヤ人にドイツ語を学ばせることであった。それゆえ、メンデルスゾーンの聖書翻訳はユダヤ人の再教育という文化的背景を持っていたことがわかる。

しかし、なぜドイツ・ユダヤ人は東欧ユダヤ人とのあいだに距離をおこうとしたのだろうか。L・バトニツキーによれば、ポーランドとドイツ、とくにベルリンとの地理的な近さがこの問題に影響を与えている(Batnitzky 2011, 76)。すなわち、ベルリンは東欧から西欧へと移動するための入り口となっていたのであり、ドイツ文化を一身に纏おうとしていたドイツ・ユダヤ人にとって、いまだ洗練されていない東欧ユダヤ人と結びつけられることには神経質にならざるをえなかったのである。

またドイツ・ユダヤ人はユダヤ教という民族的性格を振り払うことに専念していたので、濃厚なユダヤ教の伝統を背負っている東欧ユダヤ人とはみずからを区別したかったのである。ここにはユダヤ文化をめぐる二つの前提、すなわち第一に「ヨーロッパ文化は文化の唯一の形式である」、そして第二にユダヤ人は保護されるべき「彼ら独自の文化」を持っていないという前提が隠されていたと言えよう(Batnitzky 2011, 76)。

しかし、このようなユダヤ文化の否定的理解に対して反旗を翻したのが、二〇世紀初頭に活躍したブーバー、フランツ・ローゼンツヴァイク(一八八六―一九二九)、フランツ・カフカ(一八八三―一九二四)、ゲルショム・ショーレム(一八九七―一九八二)といったユダヤ人たちである。合理性や進歩などの概念でユダヤ教を説明することを明確に拒んだ彼らは、それぞれの仕方でユダヤ文化やユダヤ・アイデンティティの独自性を語り、東欧ユダヤ人たちの活き活きとした宗教性に目を開いていくのである。

こうした状況に呼応するかのように、東欧ユダヤ人のイメージに大きな変化が生じた。第一次世界大戦でのドイツ・ユダヤ人と東欧ユダヤ人との出会いによって、ヴァイマール時代のいたるところで東欧ユダヤ人は「よきユダヤ人」のモデルに格上げされていったのである。それに対して同化ユダヤ人は「悪しきユダヤ人」として描写されるようになってしまった。つまり、イメージの劇的な反転が起こったのだが、これ自体、ユダヤ人という表象がどれだけ時代や当時の雰囲気に左右されるものであるかを物語っているにすぎないのかもしれない。

2　ニーチェの影

ニーチェに魅せられるユダヤ人

『我と汝』(一九二三)の著者として有名なブーバーの思想遍歴において、神秘主義やシオニズム運動の影響を見逃すわけにはいかないが、一九〇〇年前後に書かれたユダヤ・ルネサンスをめぐるテクスト群もまた若きブーバーの思想を論じるうえで必要不可欠な文献である。その内容は当時の多様なコンテクストを濃厚に反映していると同時に、そのテクストがコンテクストを形成するという循環関係にあったと言うことができる。

さて、ブーバーに限らず二〇世紀前半のドイツの思想界を席巻したニーチェの影響力は注目に値する文化現象である。通俗的な生の哲学（Lebensphilosophie）の流行のなかで、政治信条や宗派の違いを問わず、ニーチェの思想はそれぞれの仕方で吸収され、変貌していった。その意味では、本来のニーチェの思想なるものは存在せず、ただニーチェの遺産をどのように相続したかという解釈と受容、ときには思想の意図的な拡大や改変の歴史がここでは問題となる。そもそもニーチェはユダヤ教、ユダヤ人に対して両義的な評価を下していた思想家であった。

たとえば、『道徳の系譜』のなかでは「ほかならぬユダヤ人こそは、恐怖を覚えるばかりの徹底性をもって、貴族的な価値方程式（善い＝高貴な＝強力な＝美しい＝幸福な＝神に愛される）にたいする逆転のこころみをあえてし、底しれない憎悪（無力の憎悪）の歯がみをしながらこれを固執した張本人であった」（ニーチェ　一九九三c、三八八）と書かれている。

しかし、別の個所では「旧約聖書――さよう、これはまったく別物だ。旧約聖書にはせいぜい敬意を表するがよい。そのなかには偉大な人間たちが、英雄的な光景が、この地上におけるもっとも稀有なあるものが、剛強な心情の比類を絶した素純さが見いだされる。そのうえにまたそこには一つの民族が見いだされる」（ニーチェ　一九九三c、五五八）とあり、『新約聖書』に対する批判が述べられている。

一八九七年生まれのカール・レーヴィット（一八九七―一九七三）はみずからの人生を回顧しながら、第一次世界大戦は生きるにも死ぬにもよい機会だと感じたことを告白し、そのひとつの動機として「ニーチェがわたしたちに吹き込んでいた「危険をおかして生きる」ということの魅力」（レーヴィッ

ト 一九九〇、四)をあげている。レーヴィットにはいくつものニーチェ論があることもつけ加えておいてよいかもしれない。

一八八六年生まれのローゼンツヴァイクはと言えば、「ニーチェ(とカント)だけをわたしは活かしておく!」(Rosenzweig 1979a, 599: Franz Rosenzweig an Gertrud Oppenheim, 27. 8. 1918)と手紙に書き、大著『救済の星』(一九二一)のなかではニーチェを「詩人のようにみずからの生と魂に精通し、聖者のように魂の声に耳を傾けながら、それでもやはり哲学者であるようなひとりの人物」(Rosenzweig 1921(1976), 9/一二)と呼び、称賛している。ローゼンツヴァイクによれば、「ニーチェは神〔の存在〕を〔論理的に〕否定するのではなく、まさしく言葉の神学的な意味で、神を「拒否する」最初の思想家である」(Rosenzweig 1921(1976), 20/二六)。「それゆえニーチェの無神論は、精神が存在するあらゆるものを包含するような伝統的な哲学の前提の表現ではもはやない。むしろニーチェがはじめて、神的な現実性が人間の経験にとって何を意味するかを熟慮している」(Gordon 2003, 160-161)。すなわち、すべてを理解しつくそうとする哲学の伝統のなかでニーチェは「最初の本当の人間」であったし、神を呪おうとしながらも「神と面と向かい合った最初の人物」であった(Rosenzweig 1921(1976), 20/二六)。

「神が存在するとすれば、わたしは自分が神でないことにどうして耐えられようか」というニーチェの『ツァラトゥストラ』に由来する言葉を引きながら、ローゼンツヴァイクはこの文章に神を世界と不可分に結びつけ**ない**視点を見出し、「生きた人間には、生きた神があらわれる」(Rosenzweig 1921(1976), 21／二七)と書いている。神を拒否しながら、哲学から神を守り、生きた神との出会いの場を確保しようとする、この逆説的な態度のうちに「神と面と向かい合った最初の人物」、すなわち信仰を持った哲学者の姿がある。

このようなローゼンツヴァイクのニーチェ評価に、ローゼンツヴァイクの『救済の星』の近代的側面が示されており、ポスト・ニーチェ的な時代のなかで近代ユダヤ人たちはニーチェに魅せられていくのであった。

ニーチェ化するユダヤ教

ブーバーにおいてニーチェの思想はユダヤ・ルネサンスを活性化させるために最大限に利用されていたが、他のユダヤ人のなかにはブーバー以上にニーチェに引き寄せられていく者、さらにはユダヤ教をニーチェの思想とほとんど同一視しようとする者もいた。その議論はと言えば、およそ真剣な考察に値しないように見えるものも、実はたくさんある。

しかし、ユダヤ・ルネサンスの最大の特徴は出会うはずもない文化や思想がいともたやすく接触し、融合してしまう点にある。リベラルであろうと、正統派であろうと、「ユダヤ教への意志」を口にし、ショーペンハウアー(一七八八—一八六〇)のような悲観的な哲学に対して、ユダヤ教にはニーチェ的な生の哲学があるのだと臆面もなく語るラビたちもいた。要するに何でもありの時代だったと言えよう。しかし同時に、そこにはそうせざるをえなかったユダヤ教やユダヤ文化の窮状があったことも理解しなければならないのではないか。

「ユダヤ宗教哲学における超人の概念」というテクストのなかで、イーザク・ハイネマンはこう書いている。

> ユダヤ宗教哲学には、ギリシア的学問の概念規定のなかでユダヤ的生の形式を描くという課題がある。この概念規定は、はじめて学問概念が人格性の究極的深みから湧き出る規範と理想に、明確な意識と学問の世界像との連関を得させるようとする点において、この形式を必要とする(Heinemann 1925, 3)。

しかし、その規範と理想は異なる「魂の生の領域」に入っていくことはしない。すなわち、ユダヤ的内容が概念のヴェールを打ち破ろうとすると、そこには「[ユダヤ的生の]形式と[ギリシア的学問の概念]規定とのあいだの絶えざる戦い」が生じるのである(Heinemann 1925, 3)。こうしてハイネマンはフィロンからコーエンまでのユダヤ思想史はこの戦いの歴史であり、それは同時に倫理的概念、超人概念の歴史だと宣言する。

ここまでくるとかなりはっきりするが、ハイネマン曰く、「わたしは超人の理念を善悪の彼岸にある倫理の理念と結びつける、ニーチェの試みを考えているのである」(Heinemann 1925, 4)。ハイネマンはユダヤ教における超人の理念の歴史をフィロン、イェフダ・ハレヴィ(一〇七五頃―一一四一)、マイモニデス(一一三五―一二〇四)の思想のなかに見てゆくわけだが、それは超人概念とユダヤ思想との出会いの歴史であり、変容の歴史でもあった。「こうしてわれわれの思想家は、ギリシア的概念に付着しているような高みにある人間の誇りをユダヤ人の兄弟的な親密さと責任感情に結びつけようとする」(Heinemann 1925, 17)という言葉は、ニーチェを経由しながらの、ハイネマンによるアテネとエルサレムの出会いと対立の歴史だと言えよう。

もうひとりのユダヤ人によっても、ユダヤ教はニーチェ的言語で語られている。ハインリヒ・ベアールのテクスト「ニーチェとユダヤ教」である。いくつかの表現を抜き出してみよう。「ユダヤ倫理は種族倫理である。他方でニーチェは最初の種族的倫理家である」、「ユダヤ人は善悪の彼岸にいる」、「ニーチェはキリスト教的道徳主義と戦っているが、ユダヤ倫理とは戦っていない」、「……ニーチェは主として反キリスト教徒であり、反セム人ではない」、さらには「ニーチェはユダヤ的精神の預言者であり、ユダヤ的預言者ではない! ……わたしはけっして血族関係ではなく、精神的同等性を考えている」(Berl 1932, 59-67)――ざっとこの通りである。

これらの議論においてとくに興味深いのは、ハイネマンと同じようにニーチェとユダヤ教の関係が「ギリシア性とユダヤ性」の対立のなかで描かれている点である。つまり、ニーチェは「真の(音楽的で、ディオニュソス的な)ユダヤ性に対してよりも、真の(造形的で、アポロン的な)ギリシア性に対する深い憎悪を持っている」(Berl 1932, 68)。

こうして重要な問題は、ベアールによればニーチェは「ギリシア的論理学者からユダヤ的倫理家に」なったのであり、ニーチェは「ひとりの預言者」であって、「合理主義者」ではないということである。要するに彼は、ユダヤ教のなかには「ニーチェの精神性のパラダイム」が含まれていると言いたいのだ（Berl 1932, 68）。ここでもアテネとエルサレムという二つの偉大な都市の名前は、ニーチェとユダヤ教の奇妙な同盟のなかで反復されていると考えることができる。

3　「ツァラトゥストラの使徒」としてのブーバー

創造者の到来

ブーバーはどうであろうか。彼もまた、ニーチェに深くのめりこんだユダヤ人思想家のひとりであった。ショーレムは、一九六六年のエラノス会議でブーバーについて次のように述懐している。「ブーバーは、一九〇〇年頃、ニーチェと彼の合言葉に深く影響された世代に属していた。ニーチェの〈創造する者〉についての説話は、彼のあらゆる初期の著作を貫いている」（Scholem 1970b, 140／一四四）。わが国ではしばしば人格的対話の哲学者のような側面だけが強調される傾向があるが、そのブーバーがニーチェの思想を変奏しながら、ユダヤ・ルネサンスを標榜するわけだから思想史のドラマは興味深い。

ブーバーには世紀が転換する頃に書かれた「ツァラトゥストラ」（一八九六／九七）と「ニーチェと生の諸価値に関する談話」（一九〇〇）という二つのニーチェ論がある。一九〇〇年に著された後者のテクストこそ、その年に狂気のなかでこの世を去ったニーチェに対するブーバーの追悼文であった。ニーチェの『ツァラトゥストラ』をポーランド語に翻訳しようとし（Buber 1986, 29-31, 91）、一時期は「ツァラトゥストラの使徒」（Mendes-Flohr 1997b）と化したブーバーの声をここでは聞いてみよう。

どんな類型化も拒み、いかなる集団のなかにも引き入れられない人間たちがあらゆる時代に存在すると、ブーバーは言う。その人間は「生そのものと同じくらい偉大であり、定義不可能である」（Buber 1900（2001）, 149）。「人間という種の新たな来るべき発展の容貌」を告げ、「われわれの言語」や「われわれの力」をいともたやすく越えていくような人間――その人間たちの列にニーチェもまた連ねられる（Buber 1900（2001）, 149）。

それでは、ブーバーにとってニーチェとは誰だったのか。哲学者、芸術家、心理学者、詩人といった肩書を次々にしりぞけながら、ブーバーは言う。ニーチェは「創造者」（Buber 1900（2001）, 149）であり、「生の使者」（Buber 1900（2001）, 150）である。そして、「彼が告知したものは彼自身の存在ではなく、彼への憧憬である」（Buber 1900（2001）, 150）。その渇望のなかで、ニーチェは「死せる諸文化から新しい形成の諸要素を明るみに出し」、「真のもの」や「創造能力のあるもの」を一身に集めた（Buber 1900（2001）, 150）。ニーチェに対する賛辞を惜しむことなく、最後にブーバーは次のように宣言するのであった。

ニーチェはわれわれの眼前にみずから自身を創造し、みずから自身を越えていく英雄的人間の像を建てた。……彼は快適で苦痛のない生の理想に対して、力に満ちた美が苦痛によってのみ増大するような激動と危険のなかにある生を対置した。……彼は世界のはじまりの神に対して、ひとりの偉大な敵対者、すなわちその発展にわれわれがともに参与できる生成する神、予期された未来の進化の結果をもたらしたのである(Buber 1900(2001), 150-151)。

「激動と危険のなかにある生」を称揚するニーチェが若きブーバーをとらえたという箇所は、レーヴィットがニーチェによって「危険をおかして生きる」ことを吹き込まれたという回想と呼応していよう。こうしてブーバーはニーチェの業績を褒め称える余韻のなかで、その翌年、一九〇一年に雑誌『東西』に「ユダヤ・ルネサンス」にはじまる記念碑的テクスト群を書くのであった。そこでは近代の同化ユダヤ人がおかれていた境涯からの脱出口が指し示されていた。

よく知られているように、二〇世紀初頭のドイツでは、多くの若者たちが既存の価値や伝統を覆そうと集まり暗躍していた。次章でも述べるが、ワンダーフォーゲルのような青年運動や新しいロマン主義者の集団がドイツをかきまわそうとしていたのである。たとえば、シュトラウスは一九〇七年にブレスラウで創設され、ドイツのユダヤ青年たちに大きな影響を与えた「ブラウ・ヴァイス」(Blau-Weiss)という団体に参加していた。この運動はドイツのワンダーフォーゲルの「シオニズム版」であり、「ドイツ人のロマン主義を新しいユダヤ人のロマン主義に結びつけたものだった」(Scholem 1977, 78／六二―六三)。そこで彼らを結託させていたのは近代的な都市文明や物質主義に対する侮蔑である。ユダヤ・ルネサンス運動も、このような流れのなかのひとつに位置づけられるであろう。

さらに指摘すべき点はブーバーのテクストやユダヤ・ルネサンスの思想にはニーチェの残響だけでなく、ニーチェとも深い親交のあったブルクハルトの影を見ることができることである。レーヴィットもまたニーチェのみならずブルクハルトを高く評価していたが、ユダヤ人ブーバーの声は、一九世紀の終わりにイタリア・ルネサンスの偉大さを高らかに宣言したブルクハルトの声と融合してゆくのであり、ユダヤ・ルネサンスは非ユダヤ的なものによってますますその輪郭が整えられていく。

ブルクハルトとブーバー

ブーバーにとって、彼が生きた時代は「文化的萌芽」(Kulturkeime)の時代であり、「偉大で普遍的な美の文化」が告げられると同時に、「国民的諸集団」が「新しい旗」の周りに集まっていた時代である(Buber 1901 (2007), 143)。また、この集団が重視したのは「原始的な自己保存の衝動」などではなく、「民族の魂の自省」であった(Buber 1901 (2007), 143)。

ブーバー曰く、「われわれは進化の深い統一性のうちで普遍的文化と国民的文化が融合するのを見る」(Buber 1901 (2007), 143)。このような新しい展開のなかにユダヤ民族も参与しており、その際「復活」(Auferstehung)すなわち「ひとつの奇跡であるような覚醒」が語られ出す(Buber 1901 (2007),

144)。「枯渇しているように思えるが、しかし大地の下でなおも流れている民族の生命の流れ」を歴史は知っており、このような状況のなかで「ユダヤ民族に迫っているのは中途半端な生から全体的生への復活である」(Buber 1901(2007), 144)。ここではさらにユダヤ民族による「近代の国内的・国際的な文化運動への参与」が「ルネサンス」と呼ばれているが(Buber 1901(2007), 144)、それは端的に言えば「ユダヤ・ルネサンス」である。

そもそもブーバーにとって「ルネサンス」とは、古典古代の思惟や言語形式への「回帰」(Rückkehr)あるいは「古代の生活様式の刷新」ではなく、「再生」(Wiedergeburt)すなわち「全体的人間の再生」(eine Wiedergeburt des ganzen Menschen)を意味した(Buber 1901(2007), 144)。それゆえ、「ルネサンス」という言葉は単なる古典文化への回帰として受け取られているのではない。「スコラ哲学の弁証法的偏狭さから広大で霊魂に満ちた自然観へ」、「中世的禁欲から温かく溢れ出る生の感情へ」、「セクトや同業組合(Innung)の強制から人格性の自由へ」の「再生」こそ、ルネサンスの内実であった(Buber 1901(2007), 144)。

ブルクハルトもまた、イタリアの近代人たちは中世ヨーロッパと同じように、宗教的に条件づけられていたものの、彼らは力強い個人主義によって「完全に主観的に」(ブルクハルト 一九六六、五一八)なっていたのである。ブーバーの言う「人格性の自由」がイタリア・ルネサンスと同様にユダヤ・ルネサンスにも花開いており、ブルクハルトはイタリア・ルネサンスを「われわれの時代の指導者」(ブルクハルト 一九六六、五七八)と呼んだが、ブーバーにとってもユダヤ・ルネサンスはユダヤ人の「新しい旗」であった。そして、この時代を支配していたのは「新しいものの秘儀」であり、「発見者の豊かな感覚」であった(Buber 1901(2007), 144)。

そうであれば、「ユダヤ・ルネサンス」もまた単に「民族性のうちに根ざした古い感情としての伝統」への「回帰」を示すのではない(Buber 1901(2007), 145)。曰く、「われわれの民族の将来」を考えるためには、「ルネサンス」の問題をさらに深く理解しなければならないのである(Buber 1901(2007), 145)。

ユダヤ文化の進歩的回帰

ブーバーによれば、彼の時代には以前にもまして「来るべきものに対する感覚を身につけている人間」がおり、かつての預言者のように苦しんでいるこの「炯眼な者たち」は、「文化運動の騒ぎのなかから」すでに「未来の諸形式」が浮かび上がっているのを目にしている(Buber 1901(2007), 145)。それゆえ、人々はこの預言者を信頼しなければならない。なぜなら彼らは、「それぞれの個人と民族が参与する再生の間近の到来」(Buber 1901(2007), 145)を語っているからである。それは「人間性の再生」であり、「「新しい国々」の支配」である(Buber 1901(2007), 145)。ここでもまたニーチェ論で語られていたような「人間という種の新たな来るべき発展の容貌」を告知する人間——もちろん、ニーチェを指している——と「来るべきものに対する感覚を身につけている人間」が重なり合うように見える。

もともとは一九〇三年に書かれたテクストを含む「ルネサンスと運動」のなかでも、これまでの議論が次のようにはっきりと記されている。

ユダヤ・ルネサンスは……ずたずたになった糸の結び直し以上のものである。またユダヤ・ルネサンスとは……回帰ではなく、全体的人間の再生、すなわち大変ゆっくりと徐々にハスカラ［ユダヤ的啓蒙］とハシディズムの時代からわれわれの時代にいたるまで遂行され、遂行され続けた再生を意味する。ゆっくりと次第に新しいタイプのユダヤ人が生まれる(Buber 1916d (2007), 270)。

しかし、他の民族と比べてユダヤ文化における「全体的人間の再生」や「全体的生への復活」は困難な状況にある。というのも、ユダヤ民族には「ゲットー」と「離散」という二つの重荷が歴史的にのしかかっていたからである。それらは「内なる敵対的力」であり、「鎖」であった(Buber 1901 (2007), 145)。「ゲットー」とは「その意味を奪われた伝統の拘束的精神と強制」を示し、「離散」とは「非生産的な貨幣経済の奴隷状態」、「すべての統一的意志を破壊するような目のくぼんだ故郷喪失の状態」を意味している(Buber 1901 (2007), 145)。

ブーバーは「このような力［ゲットーと離散］と戦うことによってのみ、ユダヤ民族は再生できる」(Buber 1901 (2007), 145)と考えたのである。「ゲットーと離散からの外的解放」には「内的解放」

が先行していなければならなかった(Buber 1901(2007), 145–146)。すなわち、ユダヤ民族の独自性をユダヤ民族の近代的生活にふたたび付与しなければならないのであり、「ゲットー」や「離散」の問題に比べれば同化はエピソードのようなものであった。「ゲットー」や「離散」との戦いは、「潜在的エネルギー」を「活動的エネルギー」に変える(Buber 1901(2007), 146)。

かくして、ここには「純化」と「解放」のモチーフを見出すことができるのである(Biemann 2001, 63)。さらに付け加えれば、ブルクハルトもまたイタリア・ルネサンスにおいて「真の宗教性」が問題になるときには「無法に主張された堕落した教養」との対立が避けがたいことを指摘しているが(ブルクハルト 一九六六、五一九—五二〇)、これも古いユダヤ文化の足枷を外すことでユダヤ教の宗教性に目覚めるという議論と呼応しているだろう。

もちろん類似だけではなく、ブーバーが実際にどれほどブルクハルトを読んでいたのかという問題があることも事実である。これについては明確に答えることはできないが、たとえばA・D・ビーマンは二つの可能性をあげている。

第一に、ウィーン大学で博士論文を書くための準備として一九〇〇年頃に書かれた「ルネサンスの心理学」という断片的な草稿が残されていると言う。そうであれば、この時代に、しかもこのテーマでブルクハルトを読んでいないと考えることは難しいであろう。

第二に、『イタリア・ルネサンスの文化』のヘブライ語訳のために、一九四九年にその序文を書いたのがブーバー、その人であった。そこにはブルクハルトの著作に対する批判と擁護、またニーチェのブルクハルト受容やニーチェの超人概念に対する拒絶が書かれていると言う。明らかにその内容はすでにニーチェに魅せられていた頃のブーバーとは違い、むしろニーチェ的なルネサンス理解からは距離を取っていた。とはいえ、この点においてもブルクハルト―ニーチェ―ブーバーという三者の深い関係は一筋縄ではいかないものであることがわかるだろう(Biemann 2001, 66, 83. n. 78)。

くり返しになるが、ブーバーのユダヤ・ルネサンス論で注目すべき点は、それが単なる「回帰」ではなく、「太古のマテリアルからの新たな創造」(ein Neuschaffen aus uraltem Material)を意味したことにある(Buber 1901(2007), 146)。すなわち、ブーバーは「太古のマテリアル」に拠り所を求めているという意味では、ユダヤ的伝統を「復興」させ「復活」させようとしているが、その伝統を近代ユダヤ人の生にふさわしいものとして新たに創造しようともしている。彼の試みは「太古のマテリアル」との断絶でも、そこへの単なる回帰でもない。無鉄砲な革命はもとより、「ずたずたになった糸の結び直し」では近代ユダヤ人の境涯を救うことなどできないのである。

要するにブーバーは「回帰」という、ある意味でありふれた近代批判の方法をしりぞけたのである。彼が選んだのは「太古のマテリアル」を通じての近代世界にふさわしい〈伝統の新たな創出〉であり、ここに近代によって生み出された問題を近代のなかで克服しようとするブーバーの屈折した近代批判、あるいはユダヤ文化の進歩的回帰を読み取ることができる。

こうしてブーバーのユダヤ・ルネサンス論の流れは、ひとつの思想的コンテクストとして第一次世界大戦を経て、ヴァイマール期ドイツのなかに注がれていったのであった。次章では若きユダヤ人たちが、いかなる運動をくり広げていたのかを、第一次世界大戦との関係も視野に入れながら考察してみよう。

第2章

欺瞞と意地

覚醒するユダヤ性

ゲルショム・ショーレム

雑誌『ユダヤ人』の表紙

同化しリベラルな家庭のなかで、子どもたちが反乱を起こしはじめた。みずからの新しい共同体とアイデンティティを求めながら、ショーレムは父親世代の欺瞞を告発する。しかし、そのかたわらでブーバーは戦争を賛美し、ローゼンツヴァイクは「ドイツ的中欧」に熱中していた。ドイツ性とユダヤ性の融和／対立は、ドイツ・ユダヤ人をますます窮地に追いやっていったのであり、ユダヤ性の覚醒はユダヤ性の混迷と裏腹の関係にあったのである。

一九世紀末からヒトラーの時代にかけてドイツでは多くのユダヤ人が組織、サークル、青年運動を展開しており、そもそもドイツ人かユダヤ人かを問わず古い価値への反抗が時代の雰囲気を支配していた。しかし、ユダヤ人の場合、一方ではリベラルと呼ばれるユダヤ人グループがユダヤ人の権利とドイツへの献身を結びつけようと腐心し、他方ではドイツ青年運動から影響を受け、シオニズムと結びついたユダヤ青年運動が、第一次世界大戦という近代の隘路にぶち当たりながら、必ずしも一枚岩ではない仕方で時代のなかを駆け巡っていた。

前章で述べたように、一九〇一年にブーバーが雑誌『東西』に「ユダヤ・ルネサンス」を掲載したことによって、二〇世紀ドイツにユダヤ文化を復興させようとする動きがにわかに勢いづくことになる。「太古のマテリアルからの新たな創造」(Buber 1901 (2007), 146) によってユダヤ教を活性化しようとしたブーバーのもくろみはさまざまな団体に——意図せず?——共有されながら、おのずとユダヤ・ルネサンスというコンテクストは形作られ、同時にそれぞれの団体が独自の道を歩むなかで、そのコンテクストが再生産されていったのであった。

これに対して、ユダヤ・ルネサンス運動とは一線を画す仕方で、第一次世界大戦が勃発する前、そして一部はその後も、個人主義、宗教の合理化、進歩信仰といったリベラルな原理が多くの一九世紀的ユダヤ人をとらえていたことも事実である。その意味では、ユダヤ人こそ、最後までドイツにおけるリベラルな伝統の守護者だったのかもしれない。このような状況を踏まえるならば、リベラルなユダヤ人はヒトラーの時代までみずからの原理を一貫して堅持し、それに対してユダヤ人の反リベラル勢力が台頭したという二項対立の図式よりも、リベラルなユダヤ人の家族のなかから——政治的にも宗教的にも——ラディカルな若者たちが出てきたというプロセスのほうが重要な意味を持つだろう。

ユダヤ人の集合的アイデンティティの形成をめぐっては多くの団体が議論の対象となるが、本章では一九世紀末に設立されたある有力なユダヤ人団体を取り上げ、ドイツ・ユダヤ思想の複雑な展開を追いかけてみよう。

1　ドイツ性とユダヤ性の安易な同盟

ドイツ国民ユダヤ教徒中央協会

一八九三年、ドイツ国民ユダヤ教徒中央協会（Centralverein deutscher Staatsbürger jüdischen Glaubens、以下「中央協会」と略す）が人種差別的な反ユダヤ主義が渦巻くドイツのなかで創設された。M・ブレンナーによれば、中央協会は宗教集団を代表する組織として見られたが、その内実は「ほとんどもっぱら世俗的な流儀」に基づいて活動していた（Brenner 1996, 19）。

設立の背景にはユダヤ文学、ユダヤ教学、そしてユダヤ芸術などの目覚ましい登場があり、「芸術家たちは解放の大義を促進するよりもむしろ、ユダヤ教を共有するドイツ・ユダヤ人の将来世代に対する新しい基礎となるユダヤ文化の世俗的形態を確立しようとしていた」(Brenner 1996, 19)。

中央協会の狙いは「宗教的信仰」ではなく「市民権の受諾」であり、その舞台は「シナゴーグ」ではなく「法廷や議会」であり、さらにその主要な代表者は伝統的な「ラビ」ではなく、「法律家や政治家」であった(Brenner 1996, 19–20)。すなわち、ユダヤ教の伝統的文化を維持してきた面々の大幅な交代が二〇世紀を目前にして起こり、そこではいわゆるリベラルなユダヤ人たちが大きな勢力を形成していたのであった。

興味深いことにCentralverein deutscher Staatsbürger jüdischen Glaubensという名前が組織の性格をよく示している。語の順番としてdeutscher Staatsbürger(ドイツ国民)がjüdischer Glaube(ユダヤ教信仰)より先にきており、ドイツ性とユダヤ性の微妙な関係――ユダヤ人のドイツに対する愛着心――を垣間見ることができる。また一八九三年四月四日に中央協会の規約の草稿が議論された際、そこには次のような文章があったと言う。

> 宗教的ならびに政治的方向性にかかわらず、そのドイツ的心情(*deutsche Gesinnung*)を涵養するだけでなく、市民的・社会的平等性を維持することを促進するために、あらゆるドイツ国民ユダヤ教徒を統一すること(Reinharz 1975, 48. 傍点引用者)。

ここではユダヤ人の「市民的・社会的平等性」を確保することと「ドイツ的心情」をはぐくむことに大きな矛盾はなく、この二つの目標は反ユダヤ主義に対する共通の武器であった。次章で述べるように、コーエンがドイツ性とユダヤ性の総合とも呼べる立場に立って議論を展開していたことはよく知られているが、中央協会のリベラルなユダヤ人もコーエンと同じ主張を共有していた。この問題について中央協会の重要な指導者であったオイゲン・フクス(一八五六―一九二三)を例にとって考えてみたい。

フクスは従来の中央協会が保持していた反ユダヤ主義に対する「防衛協会」(Abwehrverein)という性格では飽き足らず、リベラルなドイツ・ユダヤ人に新しい要素をもたらした。すなわち、ユダヤ人を結びつけているのはユダヤ教という共通の宗教だけでなく、そこには「種族意識」(Stammesbewußtsein)も必要だと言う。ブレンナーによれば、このフクスの主張はユダヤ民族の概念を強調するシオニズムにも向けられていた(Brenner 1996, 39-40)。換言すれば、リベラルなユダヤ人はユダヤ民族の理念を拒絶した代わりに、ユダヤ・アイデンティティや共同体を支える別の新しい理念を見つけなければならなかったのである。世俗化した社会のなかでは宗教がその位置を占めることは困難であり、かかる状況においては次第に「種族共同体」(Stammesgemeinschaft)や「運命共同体」(Schicksalsgemeinschaft)といった理念が中央協会の指針として機能しはじめ、中央協会は「防衛団体」であると同時に「心情団体」(Gesinnungsverein)であることをはっきりと示したのである(Brenner 1996, 40)。

しかし、これはリベラルなユダヤ人がユダヤ性に目覚めていったという単純な図式を意味しない。むしろ、中央協会のメンバーは第一次世界大戦時にドイツへの忠誠をさまざまな仕方であらわそうとした。中央協会は戦争に対して自分たちがどのような貢献ができるかということを考えたし、ナポレオン戦争からはじまるドイツの戦争で命を落としたユダヤ人兵士の長大な名簿を出版した(Reinharz 1975, 87)。

やはりリベラルとみなされていたコーエンが戦争に向かうユダヤ人兵士を鼓舞したように、リベラルなユダヤ人がおかれていた状況は、シオニズムに反対しながら、ドイツ性とユダヤ性の両立を目指し、加えてドイツへの忠誠を示しながらユダヤ人であることのアイデンティティも失わないという、およそ不可能な土台のうえに築かれていたものだったのである。

第一次世界大戦が終わると思想的転向を果たしていったユダヤ人もいたが、フクスはまったく違った。一九一九年、フクスは「さて次は」と題された論考でこう問うている。「戦争は敗北した。国家は崩壊した。革命の暴風はドイツの王室を一掃した。共和国が宣言され、古いものは瓦解した。われわれドイツ・ユダヤ人にとって、ドイツ国民ユダヤ教徒中央協会の目的と道のりに対する新しい関係から、いかなる結果が生じるのか」(Fuchs 1919, 137)。

このような自問自答のなかで、フクスは中央協会の目的を、第一次世界大戦の惨めな結果を知りながらも、次のように語るのであった。「われわれのプログラムと合言葉はドイツ性とユダヤ性を和解させ、宗教と祖国、信仰と故郷のあいだにひとつの総合を見出すことであった」(Fuchs 1919,

139-140)。言ってみれば、ドイツ性とユダヤ性の総合がドイツの敗北とともに崩れ去ったと、多くのユダヤ人が考えたなかで、フクスはどこまでもリベラルなユダヤ人の立場を堅持したのである。

さらにフクスはユダヤ人のアイデンティティを失うことなく、しかしドイツ人とのあいだにある共通性を明示しようとした。

われわれは一面的に同化したいのではなく、ユダヤ教をドイツという祖国の土壌で蘇生させ、他の信仰者とともに高次のかたちをした人類のなかに吸収されたいのである。われわれは総合を次のもののうちに見た。すなわち、われわれはユダヤ教信仰を持つユダヤ的種族(jüdischer Stamm)としてのドイツ人であり、われわれにとってドイツ性は国民(Nation)や民族(Volk)であり、ユダヤ性は信仰や種族である。しかし、われわれにとって種族や信仰という性質は民族的に(völkisch)ドイツ人から分離されず、われわれはユダヤ国民的(jüdischnational)ではなく、ドイツ国民的(deutschnational)であり、少なくともドイツのなかのユダヤ民族ではなく、ユダヤ教の宗教共同体にすぎないのである(Fuchs 1919, 140)。

ここから読みとれるように、中央協会に代表されるリベラルなユダヤ人たちは、一方では自分たちのアイデンティティを「種族」という「共有されたユダヤ的背景や遺産」(Reinharz 1975, 81)に求めたが、他方ではシオニストが主張するユダヤ民族を慎重にしりぞけながら、ドイツ性とユダヤ性の総合が瓦解しないことに細心の注意を払ったのである。このような危うい総合は、結局のところユダヤ人たちをドイツへの忠誠を示すために戦争に向かわせることになり、リベラルな理念が戦争というすぐれて政治的な現象に肩入れすることになったのである。当然のことながら、このような状況をユダヤ青年たちは欺瞞と考えていた。しかも欺瞞は社会だけでなく、家族のなかにも蔓延していたのである。

次にユダヤ青年運動、とりわけブラウ・ヴァイスと呼ばれた運動やそれに対するショーレムの批判に焦点を絞って、若きユダヤ人がおかれていた思想的状況を明るみに出してみよう。そこで彼らは古い世代に反抗するなかで、彼らなりの意地を示していたことがわかるだろう。

2　新しい共同体意識を求めて

ユダヤ青年運動における三つの類型

C・リノットによれば、ユダヤ青年運動は「青年の内的生命の激しさと……それに付随した興奮の表現」(Rinott 1974, 77)である。ユダヤ青年運動と言っても、そこには多様な差異があり、リノットは集団主義的な色彩の濃いユダヤ青年のブント(組合)(Bund)を次のように三つの集団に分けている。

第一に「ドイツ人であることとユダヤ人であることの二重性を肯定し、両者の共生を求めたドイツ・ユダヤ運動」(Rinott 1974, 77)である。ただし強調点がドイツ性にあるかユダヤ性にあるかはそれぞれのブントによって異なり、同じブントのなかでも強調点の違いが存在した。

第二に「その核がユダヤ教であり、ディアスポラの生活に関する積極的な見方と民族的・宗教的ユダヤ人観の総合を探った」(Rinott 1974, 77)ブントである。このように分類されるブントは、同時にエレツ・イスラエル(イスラエルの地)(Eretz Israel)への積極的なコミットメントの必要性を感じていた。

第三に「その核がエレツ・イスラエルであり、アリヤー[イスラエルの地への移住](Aliyah)やハルーツ[開拓者](Chalutz)運動という目標の実現に対してさまざまな強調点をおいた」(Rinott 1974, 77)ブントである。「このようなブントはパレスチナの現実、とくにキブツ(kibbutz)の生活に近づこうと努力し、そしてさまざまな政治的・イデオロギー的なキブツ運動によって強く影響された」(Rinott 1974, 77)。

リノットはこのように三つのタイプにユダヤ青年運動を分けているが、ある運動体を研究することがどれほど困難な課題であるかも熟知している。すなわち、どんな合理的な分析も、感情的経験をとらえることはできず、ブントで語られる言語はエソテリックであり、その言語のなかにふたたび感情的経験が侵入することで運動体は非常に複雑な現象に変容してしまうのである。「「神秘的」雰囲気と合理的解釈の混合」が現実の運動体をとらえる際の大きな障壁となり、当時の人々もみずからの言葉を「異様」(quaint)と感じていたことをリノットは記している(Rinott 1974, 77–78)。

またユダヤ青年運動のなかには、多くの諸派があった。たとえば、正統派のユダヤ青年運動として一九一〇年に創設されたMisrachi Youthや一九一八年に結成されたEsraをあげることができる。また、リベラルなユダヤ青年運動として一九一六年につくられたKameradenも重要である。そのなかでもシオニズムの思想を中心におき、もっとも有名な運動だったのはおそらくブラウ・ヴァイスであろう(Brenner 1998, 59)。ショーレムは、この運動をドイツのワンダーフォーゲルの「シオニズム版」と呼び、「ドイツ人のロマン主義を新しいユダヤ人のロマン主義に結びつけたものだった」と回顧している(Scholem 1977, 78／六二―六三)。ここで重要なのは、ユダヤ青年運動にドイツのワンダーフォーゲルが影響を与えたという指摘である。

世代の共通性

リノットもまた、次の二点を強調している。「ワンダーフォーゲル(Wandervogel)にとって神秘的概念にして価値そのものであった放浪する(Wandern)という経験は、ユダヤ青年運動において新しいユダヤ人の集団的経験や新しいユダヤ人の意味と内実の枠組みとして理解された」(Rinott 1974, 79)。また、「このようなユダヤ的生活との新しい関係性はみずからにユダヤ的・政治的概念を与えた。……年が経つにつれて、新しい青年運動が設立され、そこに共通する特徴的傾向はユダヤ人の共同生活とその将来に対する責任であった」(Rinott 1974, 79)。

前者のワンダーフォーゲルとユダヤ青年運動の関係は、言い換えればドイツ性とユダヤ性の接触である。ユダヤ・アイデンティティを求めながら、ドイツ文化のなかで生きていくという複雑な状況が、とくに「解放と同化以後のドイツ・ユダヤ人の第二、第三世代」(Rinott 1974, 80)に属する中産階級のユダヤ青年に大きな影響を与えていたと考えることは、それほど難しいことではないだろう。

とはいえ、このドイツ文化への愛着がユダヤ青年のアイデンティティに重くのしかかっていたのも事実である。すなわち、ユダヤ青年はドイツ文化に深く根ざしていたとしても、それはドイツ社会への「入場券」を意味するものではなかった。ユダヤ青年は、そのような状況のなかでも「みずから自身の内的経験」(Rinott 1974, 81)も保持していた。リノットによれば、「その周縁性は排除経験シンドロームだけではなく、ユダヤ性の目覚めにも基づいていた。トラウマとなった否定的経験とひとりのユダヤ人としての感情のなかにある積極的要素の二つは……新しいはじまりのための主要な刺激要因であった」(Rinott 1974, 81)。このような反ユダヤ主義という外的な圧力とユダヤ性への内的な覚醒が、ユダヤ青年をさまざまな運動へと駆り立てたのである。

もちろんドイツ性とユダヤ性のディレンマは容易な解決を見出せなかったが、それでもユダヤ青年の一部はみずからのアイデンティティを確かめるかのようにユダヤ的なものへと回帰をはじめる。そのひとつの現象が、ユダヤ青年運動やユダヤ・ブントと呼ばれるものであった。ブントのなかでは、個々のユダヤ青年のアイデンティティの探求はユダヤ人共同体を形成する願望、つまり新しい共同体生活の形成として実践された。同じユニフォームを着て、キャンプやハイキングをしながら共同体意識を高めていったが、これもまたドイツ青年運動と共通する特徴であった。

これまでリノットの研究にしたがって、ユダヤ青年運動の特徴について簡潔に追ってみたが、この特異な現象を分析するうえで言及すべきひとりのユダヤ人思想家がいる。ショーレムである。当時、ショーレムは、たとえばブーバーと比べるならばほとんど影響力を持ち合わせていなかったが、彼が書いたユダヤ青年運動をめぐるテクストには当時の社会状況を鋭く批判する視点が見出される。また後年、ショーレム自身が当時のユダヤ青年運動についてインタビューに応じたり、自伝のなかでも言及したりしている。これらのテクストもまた重要な時代証言と考えられよう。

リノットも認めるように、ブーバーは「古い世代に対する批判を含んだ新しく時宜にかなったコンテクストを確立しようとする試み」(Rinott 1974, 82)を代表していたが、ショーレムもユダヤ青年運動に批判的距離を取りつつ、「ブントにおける彼の世代の内的経験」(Rinott 1974, 88)をよく示している人物だと言える。

次節ではショーレムが念頭においているユダヤ青年運動「ブラウ・ヴァイス」にも注目しながら、当時の時代状況やドイツ性とユダヤ性のあいだでいじらしくも苦悶するユダヤ青年の状況について考察してみたい。

3　ショーレムの意地

欺瞞の告発

ショーレムは一八九七年にベルリンで生まれた。彼はみずからの家族を「ユダヤの小中流市民」(Scholem 1977, 17／九)と語っており、事実、ショーレムの両親はリベラルな同化ユダヤ人であった。たとえば、彼は次のように書いている。「ユダヤ人の儀式でわが家に保たれていたのは、家族の祝い日とみなされている金曜の晩と、過ぎ越しの祭りの前夜にあたるセーダーの晩にすぎなかった。……その時にはまだヘブライ語の安息日の祝福の祈り、キドゥーシュを歌っていたが、しかしもう半分もその意味がわからなかった」(Scholem 1977, 20／一一)。

また次のような事実も記されている。ショーレムの両親は子どもの頃はヘブライ語を読む勉強をしていたが、母はすでにヘブライ語を忘れていた。その母が、重要なユダヤ教の祈禱である「シェマー・イスラエル」を一言も間違えずに暗唱した。しかし、彼女はその内容がまったくわからなかったと言う(Scholem 1977, 21／一二)。

ショーレムの父アルトゥルは一八六三年生まれであり、解放ユダヤ人の第二世代にあたる。アルトゥルは先にふれた反シオニズム的でリベラルな中央協会に所属しており、ユダヤ人としての自覚もあったショーレムとはかなり激しい議論をしたようである(Scholem 1977, 56／四二)。通常、第三世代とは世紀転換期に青春時代を迎える世代を指すことが多く、シオニズムに対する態度は異なるものの、一八八六年生まれのローゼンツヴァイクが典型的な例である。ショーレムの場合、一八九七年生まれなので少し世代がずれるが、シオニズムへの積極的な支持やユダヤ人としての覚醒体験、そしてユダヤ青年運動との関係など、彼の思想傾向は第三世代とほとんど同じものだと考えられる。

　またドイツ人とユダヤ人の共生に関しても、きわめて辛辣な批判を展開している。彼によれば、二〇世紀初頭のユダヤ人は「ユダヤ教の精神的解体が進む過程」(Scholem 1977, 38／二七)に直面しなければならなかった。彼らは、「自己放棄の願望」と「それでもやはり人間的な威信を保ち自己に忠実でありたいという願望」の狭間に立たされていた(Scholem 1977, 38／二七)。同時に反ユダヤ主義も増大する傾向にあった。しかし、このような状況のなかでも「あくまで空想的な希望的観測」(Scholem 1977, 39／二七)を持ち、世相に目をつぶる者がいた。ショーレムは、ここにユダヤ人の「自己欺瞞」(Scholem 1977, 39／二八)を見た。

　この「自己欺瞞の能力」は「ユダヤ・ドイツ関係のもっともゆゆしく寒々とした局面」に属し、「同化を、つまり周囲の世界との融合を信じたがっていた」人々のものだった(Scholem 1977, 39, 40／二八、二九)。コーエンのようなドイツ性とユダヤ性の総合など、ショーレムにとっては自己欺瞞以外の何ものでもなかったのである。

目覚めるショーレム

さてショーレムとシオニズム、ユダヤ青年運動との関係は「若きユダ」(Jung Juda)と呼ばれるサークルにはじまる。若きユダは一〇代半ばの学生を中心にした、ラディカルなシオニズムを標榜する小さなサークルであった。所属メンバーの出自はショーレムのような同化ユダヤ人もいたが、ユダヤ教の戒律を守っている家族や両親が東方ユダヤ人という出自の者もいた。このサークルは第一次世界大戦前後から一九二〇年代にかけてのベルリンの青年ユダヤ人に対して少なからぬ影響を与えていたと言う。ショーレムは一九一二年から一七年まで、そしてその後もベルリンにきたときは積極的に若きユダに関わった。そして、ショーレムが後に深い友情をはぐくむことになるベンヤミンをはじめて見たのも、若きユダと他の青年グループの会合の席であった(Scholem 1977, 61／四七：Scholem 1975, 10／一二)。

ショーレムはこの時代、ヘブライ語、聖書および聖書以後の文献の研究に没頭していた。自伝を読むと、若きユダのメンバーが小さなシナゴーグのラビを見つけ、彼から多くを学んだと記されている(Scholem 1977, 63／四九)。ショーレムによれば「第一次世界大戦以前のベルリンの大規模で裕福なユダヤ人共同体は、タルムードやそれに関連することを教えるクラスの設置を、たとえその共同体が経営する宗教学校のひとつに設けることすらも、がんとして許可しなかった」(Scholem 1977, 64／五〇)。このような雰囲気のなかで、ショーレムはユダヤ文化との接触を果たしていったのである。ヘブライ語やユダヤ教の原典に直接ふれるという体験は彼自身にとっても、当時のユダヤ青年にとってもきわめて重要な出来事だったはずである。

また、ショーレムはシオニズムを積極的に支持したけれども、その理由は次のようなものであった。少し長いがそのまま引用しよう。

> わたしがシオニズムに向かったのは、何もわたしにとってユダヤ人国家の建設が（議論では擁護してきたことながら）運動の主要目的として火急の問題で、すべて納得できたからなのではない。この側面は、わたしにしろ、他の多くの人にしろ、ヒトラーによるユダヤ人殲滅にいたるまではごく副次的なことにすぎないばかりか、何の役割すら演じていなかった。運動の純粋に政治的、国際法的局面は、この運動に参加したあれほど多くの人々にとって決定的なものではなかった。これに対してきわめて影響力の強かったのは、ユダヤ人が自分自身に、つまり自分の歴史に、そして精神的、文化的な、とりわけ社会的な本質の実現可能な再生に目を向ける諸潮流だった。ただ、ユダヤ文化がみずからのうちに孕む潜在的なものを十全に実現できるような、そういった本質的更新の展望があったとするなら、それが可能なのはただ、ユダヤ人が自分自身と出会うところ、つまり自分の民族と根に出会うあのかなたの地しかない、とわれわれは考えていたのである（Scholem 1977, 73／五八　傍点引用者）。

ショーレムがシオニズムを支持したのは国家建設のためというよりも、ユダヤ人の歴史やユダヤ教が持っている伝統や文化の再生に寄与できるからである。ショーレムはブラウ・ヴァイスというユダヤ青年運動と批判的に関わることになるが、それはハイキングをその主要な活動のひとつにしており、ショーレムも二度参加している。そのことについて回想しながら、彼は次のような皮肉を浴びせている。「若いユダヤ人なら何よりもまず一度ヘブライ語を学ぶべきであるというわたしの要求は、イデオロギーとして異論の余地がないものであったが、学生でハイキングをする人たちのあの儀式や田園体験よりも多くの犠牲と努力を要した」(Scholem 1977, 79／六三)。

またインタビューにおいて、彼はシオニズムを選択することは「道徳的決断」「感情的決断」そして「誠実さを求める応答」だと答え、「誠実さ」は「国家への願望」のうちでは表現されないと語っている(Scholem 1976, 2)。

このようにショーレムにおける〈ユダヤ人としての覚醒〉のきっかけは、若きユダという青年サークルであり、そこでの友人関係を通してのユダヤ文化の積極的な吸収にあった。またショーレムは、若きユダで知り合った親友と一緒にブラウ・ヴァイスを批判するテクストも書いている。ショーレムは若きユダを別とすれば、どんな学生組織のメンバーでもなく、当時のみずからの状況を「「非社交的」アナーキスト」("asocial" anarchist)(Scholem 1976, 11)と呼んでいる。彼にとって、当時の代表的なユダヤ青年運動であるブラウ・ヴァイスのどこに問題があったのだろうか。

ショーレムのブラウ・ヴァイス批判

ショーレムはインタビューのなかで、当時、友人たちがブラウ・ヴァイスに参加していたが、自分はその運動に対して「きわめて批判的なアウトサイダー」(Scholem 1976, 11)だったと述懐している。事実、ショーレムは一九一五年の夏と秋、一九一六年の冬に自宅にあった印刷所で友人のエーリヒ・ブラウアーと一緒に「ブラウ・ヴァイセ・ブリレ」(blau-weisse Brille)という地下新聞を三号作り、そこに青年運動のラディカリズムの欠如や第一次世界大戦に対する批判を連ねた。

また一九一七年には、ブーバーの主催する雑誌『ユダヤ人』(Der Jude)にもユダヤ青年運動を批判する論文「ユダヤ青年運動」を発表している。そこでショーレムはこのテクストをベンヤミンの前で朗読し、ベンヤミンから次のような評価をもらったと記している。「ベンヤミンは、ピンダロスの頌歌を一篇、ヘルダーリン訳と原語とで朗読し、わたしはそのあと、わたし自身の文章「ユダヤ青年運動」を朗読した。これはブーバーの『ユダヤ人』誌のためにわたしがオーベルストドルフで書いたもので、シオニストの青年たちの内部にラディカリズムが欠如していることにたいする、激しい論争文だった。「これはとてもいいと思う」と、彼は長い沈黙のあとでいった」(Scholem 1975, 40-41／四一)。

ベンヤミンの意味深長な「長い沈黙」が何を意味していたかは興味深い問題であるが、ここではショーレムが地下で発行した新聞のタイトルにも入っているブラウ・ヴァイスというユダヤ青年運動について、まず簡単に見ておこう。

ブラウ・ヴァイスとは一九〇七年にブレスラウで創設され、一九一二年に全国的に広まっていったシオニズム的なユダヤ青年運動である。すでにショーレムの指摘にもあったように、ドイツ青年運動であるワンダーフォーゲルから大きな影響を受け、そこには「新ロマン主義的な雰囲気、通俗的な物質主義や社会の人為的習慣に対する抗議、より自然で偽りのない自発的生活に回帰したいという欲望が、広く浸透していた」（ラカー 一九九四、六八八）。ドイツ青年運動に参加していたユダヤ青年も多くいたが、徐々に反ユダヤ主義が蔓延し出したことで、ユダヤ人による独自の運動を生み出すことが欲せられたのである。

第一次世界大戦が勃発すると、ドイツ・ナショナリズムに駆られ出兵したユダヤ青年たちが、軍のなかにはびこる反ユダヤ主義に直面したり、前線で東欧ユダヤ人と接触したりしたことで、あらためて自分たちのユダヤ・アイデンティティに目覚めはじめた。ブラウ・ヴァイスでも「何がユダヤ的か」をめぐる議論がなされたが、運動のなかに深く根づいていたドイツ文化を払拭することはできなかった。

たとえば、メンバーのうちには「意味もわからない不自然なヘブライ語の歌より、古き良きドイツの歌の方がかれらに訴えかける」と話す者がおり、また一九一八年にベルリンで開催された大会では「シオニズムは伝統の重荷から解放されねばならず、また民族の再生は、使い古された宗教的教義や文化的信念を無差別に取り入れることを必ずしも必要としない」と宣言された（ラカー 一九九四、六八八―六八九）。

このような見解はさまざまな対立を生みだしたが、一九二二年のプリュン大会ではメンバーに対して「パレスチナに移住し、そこでともに働き生活することを課した決議が採択された」(ラカー 一九九四、六八九)。

ショーレムの苛立ち

しかし、このころブラウ・ヴァイスはドイツ青年運動にも見られたファシズム的傾向から影響を受け、指導者ヴァルター・モーゼスのもとで軍事的な側面が前面に出てくることになる。この問題について、ショーレムはインタビューで次のように答えている。質問者からは、彼のユダヤ青年運動に対する反抗には二つの局面、すなわち「ロマン主義」と「ユダヤ青年運動がみずからをひとつの「秩序」として組織した方法」にあったことが指摘されている(Scholem 1976, 12)。

ショーレムによれば、このプロセスには「弁証法的な論理」(Scholem 1976, 12)があった。曰く、「ブラウ・ヴァイスの人々はロマン主義者としてはじまり、ファシストで終わった。……ブラウ・ヴァイスのロマン主義からヴァルター・モーゼスのファシズム的秩序への道は典型的に弁証法的なものである」(Scholem 1976, 12)。ショーレムはブラウ・ヴァイスのロマン主義を「偽りのロマン主義」、「みずからをエレツ・イスラエルに関係づけるというよりもシオニズム的外観をまとったドイツ・ロマン主義」とみなし、また第二のファシズム的局面に関して唯一自分が行ったのは「ヴァルター・モーゼスのブラウ・ヴァイスに対する重大宣言」だったと述べている(Scholem 1976, 13)。

ショーレムは、雑誌『ユダヤ人』に寄稿した「ユダヤ青年運動」という論文のなかで当時の運動を痛烈に批判している。冒頭で彼は次のように宣言するのであった。

ここ数年、そしてこのときにいたるまでなお、われわれのもとにユダヤ青年運動は、すなわちユダヤ人としての若い人々によって感じられ担われた運動は存在しない。われわれはあれこれの組織を持っており、またわれわれは何度も組織やユダヤ青年運動の本体にして旗である組織のプログラムについて語られたのを耳にする。しかし、そのなかでいたずらに探られているのはしばしばユダヤ教や青年だけでなく、いつも決まって運動でもある。例外なく、大きかろうが小さかろうがその組織に欠けているのは運動の表象、つまり全体性(Ganzheit)、精神(Geist)、そして偉大さ(Größe)である(Scholem 1917, 822)。

ゲイによって指摘された青年運動の特徴である「全体性への渇望」(ゲイ 一九九九、九二)と類似したモチーフが、ショーレムのユダヤ青年運動論にもあらわれている。また彼の不満は運動がラディカルではなく、中途半端なかたちに終わっていることにもあった。

献身の全体性はそこにはない。なぜなら、われわれのもとにいる人間は分断されているからである。人は目的としてシオンではなく、シオンと何かを持っており、……この何かは従属的な何かとしてではなく、同じ権利を持った何かとして……なおそこにある。……ひとつの目標をわれわれのうえに立てなければならない。……われわれが考えている全体性は多くの構成要素からではなく、ひとつのまとまりから成っていなければいけない（Scholem 1917, 824）。

シオンとは別の何かも目標として保持しようとするユダヤ青年運動の中途半端さを、ショーレムは徹底的に批判する。「明晰さと偉大さ、最終的な結果、「ブラウ・ヴァイセ・ブリレ」を通して見ることへの意志が見出されないならば、混乱は克服されないだろう」（Scholem 1917, 825）とショーレムは書いている。「ブラウ・ヴァイセ・ブリレ」とはショーレムが発行していた地下新聞の名前であり、そこにどれほど具体的に混乱を収束させ、ユダヤ青年運動にラディカリズムを根づかせる案があったかはわからないが、一〇代のショーレムの思想を考察すると同時に当時のユダヤ青年運動の状況を知るうえで、これまで見てきたテクストがきわめて重要な位置を占めていることに変わりはないだろう（ビアール　一九八四、三九〇）。

ところで、若きショーレムは当時のテクストにおいてユダヤ青年運動だけでなく、ユダヤ人と第一次世界大戦の関係についても並々ならぬ関心を寄せていたことがわかる。この問題は、ショーレムに限らず当時のユダヤ人にとっても重要な意味を持っていた。次節では、とくにブーバーの思想に焦点を当てながら、簡潔ではあるがユダヤ人の戦争体験について考察してみよう。

4　第一次世界大戦とブーバーの雑誌『ユダヤ人』

『東西』から『ユダヤ人』へ

一九一四年に勃発した第一次世界大戦は、ドイツ・ユダヤ人に大きな衝撃を与えた。ドイツ兵として戦争に喜んで参戦する者もいれば、それに疑念を持つ者もあらわれた。いずれにせよ、ユダヤ人たちはこの戦争に何らかの態度をとることを迫られたのである。また戦線に駆り出されたユダヤ人は、そこで自分たちとはまったく異質なユダヤ人と出会うことになる。東欧ユダヤ人である。戦争に参加しなかったユダヤ人にも東欧ユダヤ人と出会うチャンスはあった。一九一六年から二〇年にかけて、七万人の東欧ユダヤ人が、労働者や商人としてドイツに彼ら独自のユダヤ文化を携えてやってきたのである。ブレンナーによれば、このドイツ・ユダヤ人と東欧ユダヤ人の出会いは根本的にドイツ・ユダヤ人の共同体のあり方を変えた。ユダヤ教の伝統を忘れていない東欧ユダヤ人は、ドイツのユダヤ・ルネサンスに多くの刺激をもたらした。シオニストにとって東欧ユダヤ人は「本来のユダヤ教」を体現する存在であり、正統派から見れば彼らは「宗教的インスピレーション」の源泉だったのである(Brenner 1996, 32–33)。

このような東と西のユダヤ文化の交流は、いくつかの雑誌を舞台にしてさらに展開された。前章でも述べたように、ブーバーが「ユダヤ・ルネサンス」を発表した『東西』という雑誌のタイトルも両文化の架け橋を示唆していたが、一九一六年四月にブーバーたちによって創刊された『ユダヤ人』は近代ユダヤ人のもっとも重要な知的交流の場になり、創刊の翌年にはカフカが文章を寄せている。青年時代のブーバーにとって「ユダヤ人」は「誹謗」や「罵り」の言葉であったが、一八九八年、彼がシオニズム運動に向かったとき、「弁明」も「当惑」もなくみずからをユダヤ人として特徴づけることができた(Mendes-Flohr 1997a, 26)。ブーバーはシオニストだったが、『ユダヤ人』は必ずしもシオニズムを宣伝する場所ではなかったとも言われる。雑誌はあらゆるユダヤ知識人に開かれており、「ブーバーの主要な関心は……ドイツ・ユダヤ人を分けた深い分裂を克服することであった」(Brenner 1996, 34)。ブーバーは創刊号に「合言葉」(Die Losung)と題された文章を寄せ、来るべきユダヤ人の共同体について書いたが、同時にそこには第一次世界大戦とユダヤ人の複雑な関係、あるいはその文章を書く以前から友人のグスタフ・ランダウアー(一八七〇—一九一九)によって「戦争ブーバー」(Kriegsbuber)(Buber 1972, 433: Gustav Landauer an Martin Buber, 12. 5. 1916)と揶揄されていた彼の戦争理解が色濃く反映していたのである。

ブーバーの戦争賛美

「戦争は、悲劇的な問題のなかにいる諸民族の只中でユダヤ教の立場を高め、恐ろしいほどはっきりとさせた。数一〇万のユダヤ人が相互に戦っており、決定的なことは彼らが強制からではなく、圧倒的な義務の感情から戦っていることである」(Buber 1916a(2007), 286)。「男らしさ」「確証」「共同体」「献身」といった言葉を並べながら(Buber 1916a(2007), 286)、ブーバーは第一次世界大戦がユダヤ教にとって、そしてヨーロッパにとって大きな意味を持っていることを強調する。

> ヨーロッパの精神、むしろ譲ることのない分裂状態にあり、自殺にも等しく犠牲をいとわない精神である今日のヨーロッパの精神がユダヤ人をもとらえた。ユダヤ人もまた、この破局と民族の魂の転換点のなかへ、このカオスを潜り抜けながら入っていった(Buber 1916a(2007), 286. 傍点引用者)。

もちろんユダヤ人にとってこの戦争は災難であり、大きな危険である。しかし、ブーバーは言う。「ユダヤ教にとって、このもっとも困難な試練の時代は、ある深い自己自省と同時に真の集中と統一のはじまりを意味している」(Buber 1916a(2007), 286)。事実、ブーバーは戦場から届いた手紙や帰国者との会話を通して、ユダヤ人たちがユダヤ教とみずからの関係を強化しているという印象を持ったと記している(Buber 1916a(2007), 287)。以前よりも真剣かつ活動的に、そして責任を担ってユダヤ教に関わるユダヤ人が戦争体験を通して生まれていたと、ブーバーは考えたのである。

ユダヤ教という「共同体の生活」(Buber 1916a(2007), 288)に参与するユダヤ人、言い換えれば「共同体の運命に責任を感じ、この戦争のユダヤ的体験によって震撼したユダヤ人のなかで、ユダヤ教の新しい統一性が明らかになる」(Buber 1916a(2007), 288)。「新しい統一性」には「変化した自己認識」が必要であり、重要なことは「ユダヤ教の本質」を把握することではなく、「この戦いに参与しあるいは傍観している諸民族に対してユダヤ教の輪郭をはっきりとさせること」である（Buber 1916a（2007），288）。

　実はブーバーの創刊した雑誌『ユダヤ人』は、一八三二年にガブリエル・リーゼルによって編集された雑誌と同じタイトルだった。しかしブーバーは、この二つの同名の雑誌には大きな違いがあると言う。すなわち、ブーバーの『ユダヤ人』の対象は一九世紀の同化した「個々のユダヤ人」ではなく、「民族性とその課題の担い手としてのユダヤ人」である（Buber 1916a（2007），289）。曰く、「われわれは信仰をともにする者たちに対する良心の自由ではなく、抑圧された民族共同体に対する生命の自由や労働の自由を必要としている」（Buber 1916a（2007），289）。このブーバーの発言に関して、ショーレムも自伝のなかで類似の内容を語っている。彼によれば、「ガブリエル・リーゼルとその執筆者たちがドイツ人としてユダヤ人の解放のために戦ったのに対し、ブーバーの『ユダヤ人』は、およそ存在したドイツ語によるユダヤの雑誌のなかで最良のものであることはたしかで、ユダヤ人として、諸民族のなかの民族として、ユダヤ人の解放のために戦った」（Scholem 1977, 95／七八　傍点引用者）。

　ブーバーにとってユダヤ人は「その運命と活動の自由な主体」（Buber 1916a（2007），289）になることを望んでおり、「この自由を勝ち取ることがわれわれの戦争の合言葉である」（Buber 1916a（2007），289）。ここではっきりと個人ではなく、民族としてのユダヤ性が語られ、ユダヤ民族に自由を取り戻すことが、しかも戦争という「カオスを潜り抜けながら」「ユダヤ教の新しい統一性」を回復することが早急の課題であることが示されている。そしてブーバーは、最後に次のような言葉で締め括るのであった。「われわれは、記憶や希望のなかでその高いイメージを担うユダヤ人を現実化したい」(Buber 1916a(2007), 289)。

ブーバーにとって戦争体験によってみずからの共同体に責任を持ち、カオスの只中でユダヤ民族の自由を戦い取ることこそ、自分たちの「合言葉」であった。しかし、それは同時にランダウアーをして「戦争ブーバー」と言わしめた、『我と汝』を執筆する以前のブーバーの姿を示唆していることも見逃せない事実である。

このようなブーバーの態度に批判的に対峙していたのがショーレムであった。彼はユダヤ人が、とくにシオニストがドイツのために積極的に戦争に向かうことに憤慨していた。あるドイツ・シオニスト系の新聞に戦争を鼓舞するような文章が載った。ショーレムによれば、その執筆者ハインリヒ・マルグリースはブーバーの弟子であり、彼の記事の最後にはこう書かれていた。「群衆の喧噪のなかで、われわれはわれわれの旋律を耳にし、突然、共同体(Gemeinschaft)がわれわれを取り巻いた。なぜなら人々が目覚めたからである。この体験がわれわれに委ねられたかのように！……われわれはユダヤ人であるにもかかわらずではなく、シオニストであるがゆえに、戦争に引き寄せられていったのであった」(Margulies 1915, 47)。孤独なシオニストがドイツのために前線に向かったり、戦争を賛美したりすることで共同体意識を取り戻すという皮肉な状況が示されている。

ビアールによれば、「ブラウ・ヴァイセ・ブリレ」の第二号にはショーレムによる「俗人の説法」という評論が掲載されており、そこで彼は「シオンへの道は、ヨーロッパの首都を突き抜けているのでしょうか？……わたしたちは、ヨーロッパとユダヤの間に線を引きたいのです。わたしの思想はあなたがたの思想ではありませんし、わたしの道はあなたがたの道ではありません」と述べていると言う(ビアール 一九八四、一一三)。要するにショーレムのドイツに対する決別宣言を、ここに読み取ることができるのである。

ショーレム自身、ブーバーから大きな影響を受けたことを告白しているが、ブーバーや彼に追従する「ブーバーかぶれ」(Scholem 1977, 80／六四)の戦争賛美については嫌気がさしていたようである。彼のインタビューには、この戦争時代のブーバーを「ブーバーの生涯における奇妙な一章」(Scholem 1976, 14)と呼んでいる箇所もある。

このようにブーバーが第一次世界大戦はもとより、その前後の時代を考えるうえでもキーパーソンであったことは間違いないが、まだ名もなきショーレムがブーバーの周辺でユダヤ青年運動やベンヤミンと接触しながら伝える時代の雰囲気もまた、史料的かつ思想的にすぐれた価値を持っていると言えよう。ショーレムの研究自体、まだ緒に就いたばかりであるが、彼の証言にはさまざまなテーマが潜んでいることを見落としてはいけないのである。

5　ローゼンツヴァイクの「ドイツ的中欧」

一九一七年の春、すなわち第一次世界大戦の最中、ブーバーやショーレムとは別にドイツ性について考えていた者がいる。ローゼンツヴァイクである。彼は戦地マケドニアにおいて「マケドニクス」という偽名で「北西と南東」というテクストを書いた。実はこれとは別に、彼は一九世紀以来のドイツがおかれていた国内状況、ドイツと他の国家の関係、第一次世界大戦の目的や世界史的意義などについて複数のテクストを著した。そして、そこで彼は政治学の問題にはおさまりきらない歴史哲学、もっと言えば神学的なパースペクティブのもとでドイツの運命について思考をめぐらしていたのである。

少しだけローゼンツヴァイクの研究史についてふれておこう。ローゼンツヴァイクの〈新しい思考〉における非政治性の問題は、彼の独特なユダヤ教論に基づいて議論されることが多い。彼は『救済の星』のなかで、すでに永遠性に到達したユダヤ人は世俗的国家、そしてその国家が血みどろの闘争をくり広げる世界史に関心を寄せる必要はまったくないと書いている。政治と世界史からの撤退とも呼べるローゼンツヴァイクの態度は、彼を非政治性や非歴史性――もっと言えば、反歴史主義――の思想家とみなすことを可能にした（佐藤 二〇一〇b）。しかし、このような指摘は本章での議論を下敷きにして考えてみると、彼の〈新しい思考〉の半面を照らし出していただけかもしれない。

ローゼンツヴァイクの〈新しい思考〉の多面性を理解するためには、彼の「中欧」理解が重要であり、そこではローゼンツヴァイクが抱えているドイツへの複雑な愛着が見て取れるのである。ユダヤ人であるローゼンツヴァイクが「ドイツ的中欧」にのめりこんでいく姿は、彼の〈新しい思考〉をどのように解釈するかという問題だけでなく、本章で議論している「ドイツ性とユダヤ性」の関係をあらためて問うことにもつながるはずである。

ナウマンを読むローゼンツヴァイク

フリードリヒ・ナウマン(一八六〇―一九一九)の『中欧論』(一九一五)がさまざまな方面に影響を及ぼしたことは言を俟たないが、ローゼンツヴァイクもまたナウマンの磁場に引かれていった思想家のひとりであった。彼は一九一五年の手紙のなかで次のように書いている。「ナウマンの書物における巧みさ(外交に関する事柄)は、彼だけが(あるいは、ほとんど彼だけが)間接的に証明していることです(他に可能なものは何もないがゆえに、中欧が生まれるのです)。直接的――実証的――な思考過程は彼のもとでのみ示唆されています。すなわち、国民国家(ビスマルク―トライチュケ)は過去の国家形態なのです」(Rosenzweig 1979a, 181: Franz Rosenzweig an Victor Ehrenberg, 26. 11. 1915)。

ローゼンツヴァイクによれば、中欧の構想においてはじめて、多数派の民族と少数派の民族がそれぞれ持っている「個々の民族性」は「支配的な民族性」ではなく、「国家のうちで統一された民族性の共同体」に従属する(Rosenzweig 1979a, 181)。それゆえ、中欧の創設によって「ドイツ化」あるいは「脱ドイツ化」するのではないかと不安に思う者は、「これまでの国家のカテゴリーのもとで将来の国家」を見ているにすぎないのである(Rosenzweig 1979a, 182)。

また両親に送った手紙のなかでは、第一次世界大戦の意義と古い国家形態への批判が、みずからの師であるフリードリヒ・マイネッケ(一八六二―一九五四)への批判と重ね合わせられながら綴られている。「マイネッケが主張しているように、この戦争は政治的に非生産的でも、それゆえ無目的でも……ありませんでした。マイネッケの根本的な間違いは、彼がやはり依然として諸国家のうちで考えており、国家連合(Staatenverbände)のうちではないことです。彼によれば、国家連合は戦争が政治的に見て創造的に作用することを不可能にし、彼はそこに個々の国家に対する創造的な作用を認めます。しかし、個々の国家はもはや歴史の担い手ではけっしてなく、その担い手は国家連合であり、戦争は、いずれにせよこの戦争は国家連合に対して創造的に影響を及ぼします」(Rosenzweig 1979a, 459: Franz Rosenzweig an die Eltern, 1. 10. 1917)。この手紙では明確に個々の国家ではなく、より大きな政治的組織である国家連合こそが「歴史の担い手」であると語られ、戦争の積極的意義さえ指摘されている。

この手紙と同じ一九一七年に公表された「北西と南東」では、個々の国家では担えない歴史的役割がナウマンの名前とともに「中欧」に帰せられていることがわかる。ローゼンツヴァイクによれば、「たとえばアントワープからシュトラスブルクを越えて、トリエステ、サロニキ、キプロス、スエズへと走っている線」(Rosenzweig 1917b(1984), 302／二三二)がこの戦争において重要な意味を持っている。すなわち、「北西―南東」を分ける線がドイツにとって地政学的に無視できない問題をもたらしているというのである。ドイツの「戦争目的の分裂は、すべて過渡期にあってまだ濃淡の差があるにもかかわらず、「アントワープ―コンスタンチノープル」という二者択一に先鋭化された。同時にこれは、いまとなれば「併合論者」と「中欧主義者」の対立」である(Rosenzweig 1917b(1984), 303／二三三)。

言い換えれば、ベルギーの征服のために北西へ向かう「併合論者」とドイツの視線を南東に向けさせる「中欧主義者」の対立がドイツ国内に存在するが、ローゼンツヴァイクは「「南東」帝国主義的心情のより高次の価値」(Rosenzweig 1917b(1984), 306／二三六)を認め、「「より広範な」中欧の概念」を目指すことで「戦争の世界史的意味」が明らかになると考えたのである(Rosenzweig 1917b(1984), 304／二三四)。そうして「ようやく「中欧」という理念は、現実的に「新しい方向づけ」の理念と一体になったのである」(Rosenzweig 1917b(1984), 304／二三四)。中欧に向かったドイツ人は「世界民族の魂の広大さ」を受け取り、それは「生まれつきほとんど苦労のないイギリス人やフランス人の世才」とはまったく違うと言う(Rosenzweig 1917b(1984), 305／二三五)。

このように一九一五年の手紙で言及されたナウマンの名前と「中欧」の理念、一九一七年の手紙のなかにある「歴史の担い手」としての「国家連合」、同年の「北西と南東」にふたたびあらわれた「中欧」という「「南東」帝国主義的心情のより高次の価値」はいずれも、ローゼンツヴァイクが個々の「民族国家」よりも広範な政治的共同体の創設を考えていたことを示しており、そのもっともふさわしい表現が彼にとって――もちろんドイツを中心にした――「中欧」だったと言うことができるのである。

中欧の挫折

おそらくローゼンツヴァイクが、「北西と南東」とともに読んでもらうことを意図したテクストがある。「地球――世界史的空間論の研究」と題されたテクストであり、その最初の部分「全世界――世界国家と諸国家の世界」は一九一七年一月に書かれた。そこで彼は、第一次世界大戦を次のように位置づけている。

まるでこの現在の戦争は世界史的に見れば、過去のヨーロッパ的エポックから来るべき地球規模のエポックへの移行であるかのように思える。……というのも……あらゆる出来事の最初にしてもっとも重大な条件は境界であり場所だからである。われわれが世界史と呼ぶものは、まさに地上がひとつの完結した歴史的空間、つまりひとつの「世界」へと生成することである(Rosenzweig 1917c (1984), 314)。

地上が「ひとつの「世界」」になるというローゼンツヴァイクの認識は、後に重要なテーマになるので覚えておいていただきたい。

また「中欧」の問題との関連で言えば、次のような文章もある。「ドイツ的中欧、つまり西スラヴ人と南スラヴ人、マジャール人、トルコ人、そしてアラブ人、おそらくは暗黒大陸における植民地の所有物でさえともに大陸として統合される広大な民族同盟というイメージはビスマルク的な帝国の建設を克服した」(Rosenzweig 1917c (1984), 344-345. 傍点引用者)。諸民族によって形成される「ドイツ的中欧」の理念がここでは示されているが、ビスマルク国家に対する批判はローゼンツヴァイクの博士論文『ヘーゲルと国家』の序文——なおこの博士論文は第一次世界大戦が勃発する前に完成していたが、出版は終戦後の一九二〇年であり、その際新たな序文が付されている——にも見られる。

> 今日、ドイツの歴史を書くための勇気をいまさらどこで手に入れるべきか、わたしにはわからない。この本が成立した当時、内外でのビスマルク国家の息を詰まらせるような窮屈さが、自由な世界の息吹が感じられる帝国へと広げられるような希望があった。……[しかし]結末は異なっていた。廃墟が、かつて帝国が立っていた場所を示している(Rosenzweig 1920c (2010), 17-18)。

「自由な世界の息吹が感じられる帝国」はドイツの敗戦によって裏切られた。この廃墟となった帝国こそがドイツを中心とした「中欧」という夢であり、理念としての「中欧」は現実の廃墟の下に埋められてしまったのかもしれない。たしかに彼の目にはドイツが、敗戦によって「大陸におけるみじめで小市民的な中流国家」(Rosenzweig 2002, 160: Franz Rosenzweig an Margrit Rosenstock-Huessy, 5. 10. 1918)に成り下がってしまったと映ったのだろう。とはいえ、ここでローゼンツヴァイクが政治そのものを見限ったのか、あるいはドイツの敗戦に絶望したのかは注意深く見極められなければならない。

またローゼンツヴァイクは、母親への手紙のなかで自分が考えた「ドイツのための中欧的学校計画」は実現できず、結果的に中欧もだめになってしまったと書いている。しかし、彼は後知恵ではあるが、「中欧と将来のドイツのための学校」という論文を採用してもらうべきだったと回想し、その序文には「中欧的思考の使者であるナウマンへ」と書くつもりだった。さらに彼によれば、ナウマンは次のことを見通していた。すなわち「中欧は、そのための決まった諸民族の内部で「中欧人」というタイプが成立する場合にのみ可能です」。「このようなタイプはたしかに前もって創造することはできないでしょう。……中欧人が中欧を創造するのではなく、中欧が中欧人を創造するのでしょう」(Rosenzweig 1979b, 612: Franz Rosenzweig an die Mutter, 13. 10. 1918)。

この手紙からわかるように、ローゼンツヴァイクがみずからの中欧の構想と一緒にその教育機関を計画していたことは興味深い事実である。ローゼンツヴァイクの教育に対する並々ならぬ情熱は、やがて一九二〇年にフランクフルトに設立した「自由ユダヤ学院」につながると考えることもできる。もしそうであれば、彼がシオニズムに否定的な態度を見せ、あくまでドイツ国内、そしてヨーロッパのなかでユダヤ教の刷新運動を標榜したことは、戦時中の彼の中欧論や教育プログラムとの関係も考慮して論じられるべきテーマかもしれない。ローゼンツヴァイクの自由ユダヤ学院については第5章で扱うので、ここでこの問題に深入りすることはやめよう。

歴史の通過点としての中欧？

ローゼンツヴァイクの中欧論は彼の宗教理解と密接な関係にある。戦時中に書かれたドイツや中欧をめぐる政治的・歴史哲学的テクスト群はローゼンツヴァイクの〈新しい思考〉にとって一過性のものではけっしてないのである。一時的な政治熱として処理するには躊躇せざるをえない問題が残されており、これらの疑問はローゼンツヴァイク研究にとってきわめて複雑なテーマのひとつであり、明確な答えを出すことはできないが、ここではB・ポロックの刺激的な論文も参照しながら、彼の中欧論が持っている神学─政治的射程を考察してみたい。

先に見たテクスト「全世界」の結論にはこうある。「永遠に分離した文化圏について語られてきた。わたしはそのような文化圏を信じない。なぜなら、戦争の主であると書かれている神はひとつの天とひとつの地だけを創造したからである」(Rosenzweig 1917c (1984), 348)。ここでは神、戦争、一なる世界の創造について述べられている。戦争が神によって権威を付与され、その戦争を通して「永遠に分離した文化圏」は神がひとつの天とひとつの地を創造したように、やがて「ひとつの完結した歴史的空間」、「ひとつの「世界」」(Rosenzweig 1917c (1984), 314) になることが暗示されていると読める。

また、ローゼンツヴァイクはより大きな歴史の視点から世界を眺めれば、プロテスタントとカトリックの違いも「キリストの十字架」のもとでは無効になるとし、キリスト教徒とユダヤ教徒の違いも「預言者」にまでさかのぼれば相違は感じられないと言う(Rosenzweig 1916 (1984), 110)。彼はみずからの歴史の視点を「超ユダヤ教的」(überjüdisch)にして「超キリスト教的」(überchristlich)と呼び、それはちょうど「イザヤとともに語ること」だとする(Rosenzweig 1916 (1984), 110)。

ポロックによれば、このようなローゼンツヴァイクの歴史観を理解するためには、二つの手紙を読む必要がある。ひとつは一九一七年一二月に両親へ宛てた手紙であり、そこには「歴史に対する預言者的なパースペクティブと異教的なパースペクティブのあいだの違い」(Pollock 2004, 346)が書かれている。もうひとつは同年五月の終わりにゲルトルト・オッペンハイムに書かれた手紙で、彼はこう述べている。「事物の単なる被造物性に関する知識だけでは何も知ることができません。創造神話を持たない……異教も存在しません。そうではなく、「創造された」……事物は終わり＝目的(*Ende*)のために創造されたこと、(イザヤにおけるように)最初の者は最後の者でもあること……これらのことがはじめて知識を与えるのです」(Rosenzweig 1979a, 412: Franz Rosenzweig an Gerturd Oppenheim, 30. 5. 1917)。つまり、ローゼンツヴァイクにとって真の知識は「はじまりにおける神の創造から救済における時間の終焉での神との合一へ」(Pollock 2004, 347)といたる大きな歴史の視点のもとで、この世界のさまざまな出来事を理解することからのみやってくるのであり、それを主張したのがイザヤだと彼は言う。またローゼンツヴァイクによれば、イザヤはペルシア人とバビロニア人の戦争を二つの世界帝国の戦争とみなしたが、第一次世界大戦もまた地球規模の統一をもたらす、つまり「ひとつの「世界」」を完成させる世界帝国のあいだの戦いだと考えたのであった。

ここまでくればローゼンツヴァイクの中欧構想の位置づけも、かなりはっきりしてくるのではないだろうか。ポロックが言うように、「ドイツ的中欧の可能性に対するローゼンツヴァイクの熱狂は単なる現実政治的な考察ではなく、むしろ神学―政治的考察に基づいている」(Pollock 2004, 350)。すなわち、「ドイツ的中欧」の創設によってドイツは世界史的にますます重要な役割を果たすことになり、あたかもはじめに神がひとつの天とひとつの地を創造したかのように、分裂した世界は最終的にはひとつの世界に向かっていくという神学―政治的ヴィジョンのもとで中欧は理解されていたのである。その際、ローゼンツヴァイクはユダヤ教やキリスト教といった個別の宗教から距離をとろうとしていた。それが「超ユダヤ教的」にして「超キリスト教的」と彼が呼んだ歴史観の意味である。その意味で、こう言ってよければ、ローゼンツヴァイクの救済あるいは終末のヴィジョンにおいて、中欧は継ぎ目のない「ひとつの「世界」」にいたるための通過点だったのかもしれない。

しかし、たとえ通過点であったとしても、ローゼンツヴァイクはある種のユートピアとしての中欧によってビスマルク的な現実政治を相対化することができた。ただその中欧が、創造から救済にいたる歴史のなかに重要な位置を占めていると考えられるならばなおさら、そこに「ドイツ的」という言葉がつねにつきまとっていることに、ローゼンツヴァイクだけでなく、二〇世紀初頭のドイツ・ユダヤ人のディレンマを見なければならない。世界観の闘争としての第一次世界大戦は「中欧」をキーワードとしながら、ドイツ性とユダヤ性の相克と和解をより複雑な姿へと変えていったのではないか。そして、このドイツ性とユダヤ性をめぐる問題の中心に位置したテクストを書いたのが、次章で扱うコーエンであった。ドイツ・ユダヤ人の自己欺瞞と意地は、彼らのアイデンティティをますます屈折させていったのだった。

第3章

老哲学者の面目

前線に出るコーエン

テオドール・ヘルツル

ヘルマン・コーエン

人間の手でユダヤ人の救済を達成しようとするシオニズムを、コーエンは猛然と批判する。このメシアニズムの哲学者は人類の理念を指示しながら、ユダヤ教の普遍性を力強く語る。放浪する近代ユダヤ人はどこに安住の地を見つけることができるのか——この問いを前にして、コーエンは狼狽することなく若者たちの性急さを諫めるのであった。しかし、時代は主権と土地を求めていたのであり、ドイツ・ユダヤ人もまた例外ではなかったのである。

ユダヤ人団体の議論をするとき、前章で取り上げた中央協会の設立とは別に、一八九七年八月にバーゼルでテオドール・ヘルツル（一八六〇—一九〇四）によって第一回シオニスト会議が開催されたことも指摘しなければならない。すべてのユダヤ人に歓迎されたわけではないが、ヘルツルは「ユダヤ人を聖地へと帰還させるメシア」、「悲惨さと迫害からの世俗的救世主」だと思われた（Brenner 1996, 22）。反ユダヤ主義と近代ユダヤ人のアイデンティティの忘却に抗うシオニズム運動はドイツでも強い影響力を持った。シオニスト会議の公用語はドイツ語で、一九〇九年のシオニスト会議の開催地にはハンブルクが選ばれたのであった。

しかし、シオニズムのなかにはさまざまな潮流があったことも否定できない事実である。ヘルツルはユダヤ人にとって祖国を創設することがもっとも重要だと考えたし、その願いが叶うのであればパレスチナ以外の場所であってもかまわなかった。また文化的シオニズムと呼ばれる流れは「ユダヤ民族の精神的欲求」を強調し、すべてのユダヤ人がパレスチナに移住できなくても、「ユダヤ教の世界的復興の精神的中心地」が確立されることを望んだ（Brenner 1996, 23）。

本章では、まずシオニストたちを刺激したコーエンの「ドイツ性とユダヤ性」という問題含みの範型と、それに対するいくつかの批判を考察する。その内容を踏まえたうえで、一九一六年、ユダヤ人のディアスポラを積極的に肯定するコーエンとシオニズムを代表するブーバーのあいだでくり広げられた論争を通して、近代ユダヤ人における救済のヴィジョンの動揺を描いてみたい。

近代ユダヤ人の救済はディアスポラの地ドイツに到来するのか、それともシオニズムによるユダヤ人国家の創設によって成し遂げられるのか。つまりシオニズムはメシアニズムの否定なのか、促進なのかという問題が、コーエンとブーバーのあいだで誌上論争として戦わされたのである。そのときすでにコーエンの死期は迫っていたが、あえて激しい前線に打って出る老哲学者はドイツ・ユダヤ人の将来を憂いたのであった。

1　祖国と忠誠

コーエンの誇り

一九一五年に出版された「ドイツ性とユダヤ性」(Deutschtum und Judentum)のなかで、コーエンはヨーロッパに住むユダヤ人の宗教的発展や文化活動がドイツにとっていかなる意義を持っていたかを古代にまでさかのぼりながら示している。コーエンの論文に対してさまざまな方面から批判が噴出し、それは今日では「別世界からの記録」(Löwith 1968, 28／一八九)のように感じられるが、当時のドイツ・ユダヤ思想の知的雰囲気を知るうえでの重要な思想的記録となっている。

コーエンによれば、「ドイツ性とユダヤ性」の比較をする際、両者と創造的に結びついていた三番目の比較対象「ギリシア性」(Griechentum)が重要である。アレクサンドリアの文化のなかで、ユダヤ教は世界的使命を自覚し、キリスト教への準備を整えたのである。すなわち、「ロゴス」、「新しい神的精神」、「新しい「聖霊」」が両者の媒介項として考え出されたが、「このような神と人間、神と世界のあいだの媒介の思想のなかにキリスト教の起源がある」(Cohen 1915a (1924), 237)とコーエンは言う。それゆえ、フィロンはロゴスの思想を受容した限りにおいてユダヤ人ではなく、ユダヤ性とギリシア性を和解させようとした「プラトンの弟子」(Cohen 1915a (1924), 237)である。ギリシア性は、「キリスト教の根本的な源泉」であると同時に「ドイツ性の根本的な源泉」でもある(Cohen 1915a (1924), 238)。ギリシア性、ユダヤ教、キリスト教は古代世界のなかで出会いながら、すでに近代におけるドイツ性とユダヤ性の基礎を築いていた。

コーエンは、ドイツ性とユダヤ性の接点をドイツ哲学における観念論とユダヤ教における神の理念の類似性など、さまざまな仕方で探っていこうとするが、両者の理想の結婚はカントと預言者のあいだで具体化されようとする。

> 人類がカントの倫理の根本概念である。人類の理念でもって、彼は経験的人間のあらゆる感覚論、あらゆる幸福論、倫理的人間概念のあらゆるエゴイズムを打破する。定言命法は、人類の規則として厳密に形成されている(Cohen 1915a (1924), 263)。

さらにこのような人類の理念から「社会主義」も生まれ、「人類は世界史と同様に個人や国家における、あらゆる人間的なものの原理である」(Cohen 1915a (1924), 263)。

カントに代表されるドイツ性の精神の中核を人類の理念に求めたコーエンは、そこにドイツ性とユダヤ性の共通点を見る。

> なぜなら人類の概念は、その起源をイスラエルの預言者たちのメシアニズム (Messianismus) のなかに持っているからである。……メシアニズムはユダヤ教の支柱である。……メシアニズムは、一神教 (Monotheismus) の創造的な根本モチーフを形成する (Cohen 1915a (1924), 264)。

コーエンにとって永遠平和の理念もまたユダヤ教のメシアニズムと密接な関係のなかにあり、「神の目的は人類の目的を保証する」(Cohen 1915a (1924), 291)。そしてドイツの倫理こそ、ユダヤ教信仰に対して「理論的により適切な基礎づけ」を行うことができる。ここにドイツ・ユダヤ人たるコーエンの祖国に対する愛が、そして彼の誇りが示されていると言えよう。

また遺作『ユダヤ教の源泉からの理性の宗教』を読むと、コーエンはメシアニズムの名のもとで人類の理念を無限の課題とし、その理念を未来という次元と密接に結びつけていることがわかる。その際、国家なきユダヤ民族は人類の象徴となる。「民族は維持されたが、国家は崩壊した。これが神の摂理によるメシアニズムの象徴である」(Cohen 1919, 297)。そのようなユダヤ民族を、コーエンは「人類の望ましい状態の象徴」(Cohen 1919, 297)だと言う。国家なき一なる民族は、未来の一なる人類を象徴しているのである。そして、ユダヤ教の預言者たちは「歴史の理想主義者」であり、「彼らのヴィジョンが、未来の存在としての歴史概念を生み出した」(Cohen 1919, 308)。しかも、そのような未来にあらわれるメシアはひとりの人格である必要はないのである。

> メシアのアイデンティティ、理念としてのメシアの意義は、メシアの人格の克服やその象徴の純粋な時間思想への解消のうちに、そして時代概念のうちに示されている。時間は未来に、未来にのみなる。過去と現在は、未来というこの時間のうちに沈んでいく。このような時間への帰還が、もっとも純粋な理想化[理念化]である。……人間の現存在は、このような未来の存在へ向けて立ち上がる(Cohen 1919, 293)。

こうしてコーエンのメシアニズムは、国家なきユダヤ人と人類の理念を重ね合わせながら、無限に未来へ向けて投影される。それは、人間同士の平和であると同時に神や自己との宥和を目指すことになる。

先にコーエンは人類の理念を無限の課題としたと述べたが、これはコーエンが言う「概念的理想化[理念化]」(die begriffliche Idealisierung)(Cohen 1910(2009), 343)という方法論と関連している。すなわち、彼が語るドイツ性やユダヤ性は歴史的に構成された概念というよりも、理想化のなかで構成された理念である。

しかしカントやシラーのなかに人倫的自由を、バッハやベートーヴェンのなかに芸術のなかのもっとも理想的なものをいくら見ようとしても、彼の周りにある現実はそんなに理想的なものではなかったはずである。事実、コーエンが生きた時代は、反ユダヤ主義と無縁なドイツではありえず、カントやシラーとは異なる理念によって突き動かされていたからである。それゆえ、コーエンのドイツ性とユダヤ性は、未来に対する課題としての働きは持っていても、現実の具体的歴史から構成されたものではなかったと言えよう。

2　三つの批判
——ローゼンツヴァイク、レーヴィット、クラツキン

拷問台

レーヴィットも引用しているが（レーヴィット 一九九〇、二一三—二一四）、第5章で議論する自由ユダヤ学院の創設をめぐって、ローゼンツヴァイクは〈ユダヤ人であること〉と〈ドイツ人であること〉に関して問われ、次のように答えたと言う。

もし人生が一度わたしを拷問にかけて、わたしの体を二つに引き裂くようなことでもあれば、もちろんわたしには心臓が——何しろ左右非対称にしまわれているのですから——この二つの

半身のうちのどちらと行動をともにすることになるのか、わかっていることでしょう。自分がこの手術に生きながら持ちこたえることがないことも、わかっているでしょう。この紳士諸侯は、しかしわたしをやはり生かしておくつもりだったのですから、わたしとしては、とにかくもうこの人たちに、自分を本当の意味で生命にかかわるようなこの問いの拷問台に載せないで、五体満足のままにしておいてほしいと、お願いしなければならないところでしょう（Rosenzweig 1979b, 888: Franz Rosenzweig an Rudolf Hallo, Ende Januar 1923）。

ドイツ性とユダヤ性のあいだを選ぶことは、ローゼンツヴァイクにとって身体が引き裂かれるようなものであった。コーエンのようなドイツ性とユダヤ性の幸福な関係を信じ込むのではなく、彼はその問いのなかにドイツ・ユダヤ人がおかれていた深刻な状況を見たのであろう。ほとんど一〇〇年ものあいだ、ドイツにいるほとんどすべてのユダヤ人がとっていた「リベラルなドイツ・ユダヤ人的立場」は、もはや「点のようなもの」になってしまったのである（Rosenzweig 1979b, 980: Franz Rosenzweig an Gertrud Oppenheim, Juli 1924. 傍点引用者）。それゆえ、ローゼンツヴァイクはこう言うしかなかったのである。「かろうじてひとりの人間、すなわちただわたししか、そのうえに住めなくなっています。哀れなヘルマン・コーエンよ！」（Rosenzweig 1979b, 980）。

　コーエンのドイツ性とユダヤ性の〈と〉はすでに点になっている。コーエンは両者を結びつける〈と〉が広がっていくことを期待し、そう心から信じていたはずである。しかし、コーエンから大きな影響を受けたローゼンツヴァイクでさえ、自分しかドイツ性とユダヤ性の〈と〉のうえにいないことを知っていたのであり、師に対する複雑な心境が「哀れなヘルマン・コーエンよ！」という言葉のなかに吐露されているのだろう。

またこの問題は、ローゼンツヴァイク自身にも跳ね返ってくるはずである。なぜなら彼は『救済の星』のなかで、ユダヤ人とは国家や世界史に何ら関心を示さないメタ歴史的な存在であることを強調していたからである。

……国家と世界史にとって、永遠の民族の真の永遠性はつねになじみのない、不愉快なものにとどまらざるをえない。国家が鋭い剣によって時間という成長する樹木の樹皮に世界史のエポックというかたちで永遠性の時刻を刻みこんでいくのに対して、永遠の民族はのんきに平然と、みずからの永遠の生という樹幹のまわりに一年ごとに年輪を重ねていく。この静かな、まったくわき目をふらない生の前では、世界史の威力もくじけてしまう（Rosenzweig 1921 (1976), 371–372／五二四）。

このように語りながらも、ヘーゲル研究からはじめたローゼンツヴァイクのキャリアには、簡単には拭うことのできないドイツ性が染みついている。それゆえ、ドイツ性とユダヤ性に対する態度表明は、彼にとっては拷問台にも等しい深刻な問いとして残り続けていたのである。

故郷を求める哲学者

コーエンの期待に対して現実的な側面——反ユダヤ主義に向けられた正統派ユダヤ教や政治的シオニズムの主張——からではなく、哲学者であることの意味から批判を行ったのがレーヴィットであった。一九六八年、コーエンの没後五〇周年を記念した講演のなかでレーヴィットは、コーエンは「その安住の地をドイツに見出したと信じていた」(Löwith 1968, 31／一九一)と書いている。しかし、それは誤り、正確に言えば「哲学的誤り」であった。

コーエンの哲学的誤りは、みずからをドイツ・ユダヤ人として理解しようとする彼の生涯にわたる努力にあるのではなく、むしろ彼がドイツを祖国という故郷として持つことを、一般的に言えば、哲学者でありながら、何らかの「故郷」を持つことを不可欠とみなしたところにある(Löwith 1968, 32／一九三)。

レーヴィットにとって哲学者とは〈一にして全〉を思索する者であるが、故郷を持つ哲学者コーエンはまるで「偶然に生まれ落ちた歴史的な社会や環境がすでにまた世界の〈一にして全〉」(Löwith 1968, 32／一九三)であるかのように、哲学する者だと言う。

ここでレーヴィットはコーエンの哲学を批判しながらも、巧みに自分の思想を織り交ぜていることがわかる。すなわち、「ユダヤ教とキリスト教のいわゆる汲めども尽きぬ源泉」も「普遍的な理性への信仰」も信頼できない時代に、〈一にして全〉なるものとは何か。それは「目的も意味もなく、したがって当為もないような、自然的にそれ自身によって存在する世界」(Löwith 1968, 33／一九四)であり、人間を創造した神でもなければ、安住の地である歴史的な故郷でもない。

たしかに古代ギリシアの哲学者は永続的なコスモスを観照し、ときには社会と敵対的な関係になり、迫害を怖れながらも真理を探求したと言われている。その意味では歴史のなかにつくられた故郷に執着し、それを賛美しながら、哲学者であることはできるのかという疑問をレーヴィットは抱いているし、「世界の創造と神の啓示に関する聖書の物語は、世界体系の絶えざる生成消滅と人類の生成消滅に取ってかわりうるおよそいかなる選択肢でもない」(Löwith 1968, 33／一九四)というのが彼の哲学的立場である。ドイツ性という故郷、そしてユダヤ性という聖書の世界は、どちらも哲学者の課題にはなりえないし、似つかわしくもないのである。

とはいえ、果たして哲学者であることの不可能性は故郷の有無によって決まることなのだろうか。故郷もなく、神も信じず、おのずと存在する永続的な自然だけを探求の課題とする者だけに哲学者の資格が与えられるのであれば、国家に守られ歴史意識に目覚めた近代世界のどこに哲学者はいるのだろうか。哲学者と故郷の関係は、ドイツ性とユダヤ性を論ずるすべてのユダヤ人哲学者に重くのしかかっている。

幸せになりたい奴ら

前節で述べたように、コーエンはたしかにドイツをわが祖国として考えた哲学者であった。そうであれば、イスラエルの地に自分たちの国家を創設しようとする政治的シオニズムとは厳しく対立する立場にあるのは当然である。ショーレムによれば、「一九一四年に彼は、シオニズムに対する態度があまりにも寛大すぎると言ってフランツ・ローゼンツヴァイクを非難し、声を(ローゼンツヴァイクの書き記しているところでは)雷鳴のささやきに押し殺して、いわば秘密として「あいつらは幸せになりたがっているんだ！」という言葉を彼の耳にささやいたのだった」(Scholem 1977, 91／七四)。当時のドイツにはたくさんの幸せになりたい奴らがいたはずだが、それはコーエンの弟子のなかにもいた。その名をヤーコプ・クラツキン(一八八二—一九四八)と言う。

一八八二年、クラツキンはロシアのラビの家庭に生まれ、後に正統派から離れてしてしまうものの、伝統的なユダヤ教の教育を受けた人物である。一八歳のときに、彼はフランクフルト、そしてマールブルクに向かい、そこでコーエンの薫陶を受け、哲学を研究した。一九一二年、クラツキンはベルンで博士論文を書き、その後シオニズム運動やさまざまな雑誌の編集に関わり、ヘブライ語でも著作を出版している。そのなかでも彼が、スピノザの『エティカ』をヘブライ語に翻訳していることは近代ユダヤ思想史における特筆すべき出来事である。

クラツキンは、コーエンに関するいくつかのテクストを残している。彼にとってコーエンは、「西欧におけるユダヤ的啓蒙の時代のもっとも偉大な息子」(Klatzkin 1921a, 9)であった。シオニストにしてコーエンの弟子であったクラツキンが、同化のシンボルのような存在であった師を批判する。コーエンは、ドイツ文化とユダヤ教のメシアニズムのなかに共通項としてある人類の理念をひとつの理想として取り出すことで、両者の幸福な関係を描こうとした。しかし、クラツキンも引用しているように、コーエンは『純粋意志の倫理学』のなかで「本来の民族性に対する個人の義務」と「養子としてもらわれた祖国に対する義務」のあいだにある対立を論じている。それは、まるで国家を失ったユダヤ人を描写しているかのようであった。

ある民族が没落し、その国家を失い、いまではある新しい国家にはめ込まれてしまったならば、葛藤は失われた国家や存続する民族性に対する忠実性と新しい国家、すなわちもっぱらただ権威主義的である国家に対する服従と依拠のあいだに存する。……忠誠(Treue)が真の祖国、本来の祖国に適用されるのは明白である。また人がそこへと歩み入る新しい国家は別の徳によって示される服従(Gehorsam)と従属(Zugehörigkeit)を要求する……。これに対して、忠誠は愛から生まれる。……あらゆる世代を超える忠誠は国家と民族へ向かい、そこから生まれた人間の心のなかで開花しなければならない(Cohen 1907(1981), 589; Klatzkin 1921b, 122–123)。

このように忠誠が本来の国家や民族性とつながることを強調するコーエンの姿を見て、クラツキンは、そうであるならばコーエンは「シオニズムの承認」に向かわなければならないと言う(Klatzkin 1921b, 123)。「古い民族と古い故郷の再統一」以外に忠誠と服従のあいだで苦悩するユダヤ人の窮状を救う手立てはあるのだろうか。コーエン自身が、「国家生活は生存の最高の倫理的形態であり、国家のなかでのみ人間の倫理的自己意識はその純粋な表現へと達する」(Klatzkin 1921b, 123)と書いているではないかと、クラツキンは詰め寄る。ユダヤ人の二重性を解消するためには、「その土地への民族の帰還」しか道は残されていない(Klatzkin 1921b, 124)。

コーエンは、他の民族のナショナリズムや国家の倫理的意義を是認しながら、ユダヤ人が国家の思想を持つことを禁じ、イスラエルの預言者たちが「そのコスモポリタニズムのなかで祖国を見捨てた」(Klatzkin 1921b, 125)ことを賞賛する。しかし、クラツキンは「預言者たちが民族的同化のオ気に満ちた説教者を承認したに違いないとすることは恐ろしい」(Klatzkin 1921b, 125)と率直に述べており、ここには預言者をめぐる師と弟子の埋まらない溝が横たわっている。

3　救済の徴としてのディアスポラ――コーエンとブーバーの論争

人類の宗教としてのユダヤ教

コーエンの主張はさまざまな場所で多くの議論を呼び起こしたが、そのなかでも一九一六年に彼がドイツ国民ユダヤ教徒中央協会の雑誌に書いたシオニズム批判の論文「シオニズムと宗教」によってひき起こされたブーバーとの論争を、ここでは考察してみよう。すでに述べたように、中央協会はドイツ性とユダヤ性の融和を目指していた団体だが、コーエン自身は、別に論争を誘発したかったわけではなく、シオニズムについて書くことを雑誌からお願いされたようである。だからこそ、論文のなかで彼は「わたしの職業は学問である。そして精神的問いにとって最善の闘争手段は思考に関する対立の積極的な説明であり、これからもそうである」(Cohen 1916b (2002), 211–212)と、みずから断っており、この記述から彼の学問的態度がわかるだろう。

さてコーエンによれば、シオニストは「ナショナリティ」(Nationalität)と「宗教」を同一視しているが、コーエンをはじめとした非シオニストにとって二つの言葉は同じ意味ではなく、ナショナリティとは「宗教の伝播のための人間学的媒体」である(Cohen 1916b (2002), 214)。とくに「家族」は「宗教の揺籃の地」であり、ナショナリティは「宗教の存続のための自然的な条件にして基盤」である(Cohen 1916b (2002), 214)。そして「国家」(Staat)は複数のナショナリティを統合しており、「国家がはじめてひとつのネーション(die *eine* Nation)を創設し基礎づけているのであり、そのネーションと国家は同一視される」(Cohen 1916b (2002), 215)。このような「歴史的視点」から見れば、ドイツ・ユダヤ人もまた「われわれの継続的なユダヤ的ナショナリティ」のためにドイツというネーションに属することは別に難しいことではないはずである(Cohen 1916b (2002), 215)。

またユダヤ教にとって「唯一の神」が重要概念を構成しているが、同時に「メシア的人類」(*die messianische Menschheit*)もまた、もうひとつの重要概念である(Cohen 1916b (2002), 216)。唯一の神と「一なる人類」の概念とともに、「イスラエルの預言者たちは異教徒を根絶し、世界の諸民族に対するイスラエルのメッセージのなかに、人類の使者としてのユダヤ民族の神的選びを基礎づける」(Cohen 1916b(2002), 216)。しかしコーエンの目から見れば、シオニストやドイツのラビたちの文献でさえ、「ユダヤ的宗教の最高の理念を軽薄に嘲笑すること」(Cohen 1916b(2002), 216)にかかずらっている。

「われわれのメシア的ユダヤ教とシオニズムのあいだの宗教的隔壁」(Cohen 1916b(2002), 216–217)という表現にこそ、普遍的な人類やユダヤ教の使命を確信するコーエンとユダヤ人国家の建設を目的とするシオニストの対立が示されているのは自明である。「メシア的人類への希望がなければ、われわれにとってユダヤ教は存在しない」(Cohen 1916b(2002), 217)とコーエンは書きながら、シオニストに対して次のような厳しい言葉を浴びせるのであった。

……ユダヤ教をその基本的な教えにおいて根本的にユダヤ民族(das jüdische Volk)を保存するものとみなす者は、メシア的人類における唯一の神を否定している。われわれは、イスラエルの選びを人類の神的選びに対する歴史的媒介としてのみ認めている(Cohen 1916b(2002), 217)。

ユダヤ教を単にユダヤ民族の保護に結びつける者は、ユダヤ教のもっとも根本的な理念である唯一の神、そしてメシア的人類の教説を否定する者である。シオニストに対するコーエンの苛立ちは人類の永遠なる宗教であるユダヤ教、そしてそのメシア理解から発していることが理解できるはずである。

概念ではなく現実を

ブーバーは、一九一六年にみずからが編集していた雑誌『ユダヤ人』にコーエンに対する反論を掲載しているが、その論文は「概念と現実性」と題され、公開書簡のかたちで公表されたものである。

ブーバーはドイツに反ユダヤ主義者が増大していることを指摘しながら、彼らは同化を「無益なもの」とみなし、またシオニズムを「唯一の避難所」だと考えていると言う(Buber 1916b (2002), 223)。このような状況にあっても、コーエンにとってシオニズムはひとつの危機であることに変わりはなく、ブーバーもコーエンとの認識の違いを知っていた。そして、ブーバーは前節でも述べたコーエンの議論に対して批判をくり広げるのであった。

コーエンはナショナリティを「宗教の存続のための自然的な条件にして基盤」としたが、ブーバーによればナショナリティは「自然的事実」(Buber 1916b (2002), 226)などではない。ブーバーにとってユダヤ民族のナショナリティとは、神がアブラハムや彼の一族と結んだ「契約」(Bund)と密接に関わっているのであり、契約の原理とは「自然的事実」ではなく、「歴史のなかで働く神の意志や神の意味」である(Buber 1916b (2002), 226)。それゆえ、ブーバーはみずからが考えるナショナリティを「歴史的現実性」、「倫理的課題」、「精神とエートスの現実性」と呼んでいる(Buber 1916b

(2002), 227)。

また、コーエンはシオニズムが宗教とナショナリティを同一視していると批判したが、ブーバーはこれも違うと反論している。ブーバーによれば、あらゆるシオニズムは「ユダヤ教の中心には宗教性がある」と考えており、そのユダヤ的宗教性は「強大なユダヤ民族性の最高の機能」である(Buber 1916b(2002), 228)。「ユダヤ民族の活力、その熱中し耐え忍ぶ力がなければ、地上に諸国家は存在しないだろう」(Buber 1916b(2002), 228)。このような考え方は個人にも当てはまると言う。

もし民族性が現実化されないならば、その理念は現実化されえないのである。……単なる自然的事実としての人類がひとつの虚構であるように、単なる自然的事実としてのナショナリティはひとつの虚構である。われわれがナショナリティを精神とエートスの現実性として見てはじめて、われわれはナショナリティをわれわれ自身の生のなかでも現実化することができるのである(Buber 1916b(2002), 228)。

ブーバーの論文のタイトルが、「概念と現実性」だったことを思い出していただきたい。ブーバーにとってコーエンの議論は所詮概念にすぎず、いまドイツ・ユダヤ人に求められているのは現実であり、活発な生であった。

重要なのは「概念の明晰化」(Buber 1916b(2002), 231)なのかと、ブーバーは問う。もっと言えば、彼にとってネーションであれナショナリティであれ、そんなことはどうでもよかったのかもしれない。ナショナリティなど、彼の目から見れば「無性質で、記念的なものでもなく、実体も失い周縁で飼育されたもの」（Buber 1916b（2002）, 231）にすぎなかった。彼が問題としていたのは、そのような空虚な概念ではなく、「ネーションを越えたもの」、すなわち「民族」（Volk）であった（Buber 1916b（2002）, 231）。こうして焦点はいつの間にかナショナリティから民族の問題に移り、ブーバーがナショナリティの定義としていた内容が民族に当てはめられる。「ユダヤ民族――それは自然的事実ではなく、他に比較可能なものが何もない歴史的現実性である」。そして、「偉大な故郷なき者」であるユダヤ民族は、みずからの安住の地を探している（Buber 1916b（2002）, 232）。

　ナショナリティの問題とは別に、コーエンはユダヤ教の特徴としてメシアニズムにも言及していた。コーエンによれば、シオニズムはユダヤ的宗教の最高の理念、すなわちメシアニズムを軽薄に嘲笑していた。しかし、ブーバーは自身が行った以前の講演を引用しながら、シオニズムの目的は「人間精神の救済と世界の平安」であり、そこへの道は「苦しめられた民族の解放と神の聖所の周りへの集合」（Buber 1911（2007）, 252; Buber 1916b（2002）, 233）であると言う。要するに、シオニズムがメシアニズムを否定しているわけではないと述べているのだが、次のようにつけ加えることも、彼は忘れていない。

　いつかユダヤ教はメシア的人類のなかに消滅し、それと融合するかもしれない。しかし、われ

> われはメシア的人類を手に入れるために、ユダヤ民族が今日の人類のなかに沈まなければならないとは理解できないのである。むしろそのためにこそユダヤ教は人類の只中に、まさに今日の人類の只中にとどまらなければならない。しかし、ユダヤ教はつねに広がり教派化していく宗教と協力した、絶えず剝がれ落ちてゆく自然的事実としてではなく、この人類のための理想として、そしてこの人類に向かい合う自由で妨げられずに現実化された民族としてとどまらなければならない(Buber 1916b(2002), 233-234)。

引用における最初の文章はまるでコーエンが書いたようにも思えるが、間違いなくブーバーのものである。ブーバーは未来の「メシア的人類」を期待しながらも、続けてすぐに「今日の人類」のなかに同化してしまうことははっきりと拒絶し、「メシア的人類」を獲得するためにも、現時点ではユダヤ民族は生き残り、みずからの国家を確保することが重要だと考えている。これに対してコーエンはディアスポラの状態にありながら祖国のなかで生きることを優先しているのであり、ここにコーエンの哲学における「形而上学的必然性」(Wiedebach 1997, 32)が垣間見えている。

またブーバーはシオニズムと正統派は対立するわけではないと言い、両者のあいだに共通するのは「虚構的なユダヤ教に対する情熱的な反抗と真のユダヤ教に向かう情熱的な願望」である。ブーバーは真のユダヤ教とは「活きたユダヤ教」だと書いているが、これらの表現にもブーバーの特殊なユダヤ教理解があらわれていると言えよう(Buber 1916b(2002), 237)。

過去か未来か

コーエンはブーバーの反論を受けて、さらに論文を公表している。コーエンにとってシオニズムは、ユダヤ教やユダヤ人を狭く理解しすぎているのである。だからシオニズムは「文明国のなかで安住の地を持っていると思い込んでいるリベラルなユダヤ教」を無慈悲に扱うことしかできないと言う。しかし、ならばいかなる真のユダヤ教がリベラルなユダヤ教に対峙するのだろうか。

このような個人的な幻想に対してユダヤ民族の無故郷性が対置される。そして、この故郷なきユダヤ民族だけがユダヤ的現実性を形成すべきである。これに対して、われわれ見せかけのユダヤ人は当然、ユダヤ民族からしりぞくことになる(Cohen 1916c(2002), 250)。

そして、ブーバーをはじめとするシオニストたちは「パレスチナにおいてのみ、ユダヤ人国家においてのみ、「生き埋めにされた」「虚構の」ユダヤ教は克服され、取り除かれる」(Cohen 1916c(2002), 250)と主張する。ユダヤ教が単なるイデオロギーに堕ちていくことをコーエンは危惧しているが、シオニズムの前ではコーエンたちが築いてきた近代ユダヤ教の文化的伝統は幻想にしかすぎないのである。

コーエンはユダヤ人が国家を持たないことに最大限の特徴を見出すが、それはユダヤ教の預言者主義、そしてその頂点であるメシアニズムに理由がある。彼によれば、「ユダヤ人国家の没落は、われわれにとって歴史的神義論の範例である」(Cohen 1916c (2002), 252-253)。そして、コーエンは「ミカ書」を引用しながら、ある個所を強調する。「ヤコブの残り者は、多くの諸民族の只中にいて(*immitten vieler Völker*)、永遠なる者から降りる露のようである」。

　諸民族の只中で生きることが「「イスラエルの残り者」の世界的使命」であり、この観点からのみ「残り者の帰郷」の思想は理解されなければならないのである(Cohen 1916c (2002), 253)。人類の宗教としてのユダヤ教という意識がドイツ性とユダヤ性のディレンマを解消してくれるのであり、メシア的信仰、そしてその希望だけがユダヤ人の現実性を保護しているという仕方で、コーエンのお決まりの文章が続いていく。

　実のところコーエンもシオニズムも、目的においては一致していたのではないか。すなわち「われわれの宗教的存続」こそ、ドイツ・ユダヤ人の焦眉の課題であったのだが、その方法において両者は決定的に分かれてゆくのである。

> シオニストは十分かつ無条件のユダヤ的民族性によってのみユダヤ教を維持することができると信じていたのに対して、われわれは徹頭徹尾、普遍的かつ人類的なユダヤ教だけがユダヤ的宗教を維持することができるという対立的見解を持っているのである(Cohen 1916c (2002), 255)。

彼らの対立の背後には当時流行していたニーチェ的な生の哲学や生物学的な民族理解、そして衰退しつつあったカント的な普遍主義の哲学など、さまざまな思想潮流があることが、これまでの議論やこの引用から透けて見える。

コーエンにとってパレスチナは「われわれの父祖たちの土地」ではなく、「われわれの預言者たち、すなわちわれわれの宗教を理想的に創設することを完成させた者たちの土地」であり、「パレスチナはわれわれにとってむしろ、われわれの永遠なる神聖なものの土地としてのみ聖地である」(Cohen 1916c (2002), 256)。ユダヤ人が生きている宗教的現在は未来の投影であり、「その歴史的発展のなかにある倫理的世界はわれわれの真に生きられた土地である」(Cohen 1916c (2002), 257)。そして、このような理解に基づいてコーエンは、みずからとシオニストのあいだに「古典主義」と「ロマン主義」という本質的な違いを見るのである。

> われわれの宗教の古典的概念は人類の未来へと向かうのであり、その聖性は世界史的理念のうちにあるが、ある地理学的な場所に結び付けられている種族の過去へと向かうものではない。われわれにとって、「詩編」と同様に、神は「イスラエルの賛美のなかに」住まう方である(Cohen 1916c (2002), 257)。

コーエンは、過去の約束の地にこだわるシオニストのうちに「ロマン主義」の影響を見る。彼にとってユダヤ教はメシア的未来に向かう人類の宗教である。だからこそ、彼は次のように言うことができたのである。「われわれは、われわれの真の故郷として、この未来だけを認める」(Cohen 1916c (2002), 257)。

途上にあるユダヤ人

ブーバーは、コーエンの再批判にさらなる応答を試みている。コーエンは「ユダヤ教の歴史全体は預言者たちの預言と一致しながら、ユダヤ教の現実化は地上の諸民族のもとでのわれわれの拡散と結びつけられていることを教えている」(Cohen 1916c (2002), 258; Buber 1916c (2002), 270)と書いた。これに対して、ブーバーはこのような地上に離散している状態でユダヤ教の現実化などありえず、ユダヤ教の歴史はコーエンの議論とはまったく反対の事実を告げているではないかと反論する。

ここでわれわれは告白はできるが、行動はできない。神のための忍耐とともに証することはできるが、創造することと一緒に証することはできない。ヨベルの年を賛美することはできるが、それを導き入れることはできないのである(Buber 1916c (2002), 270)。

あるいは「エレミア書」にあるように、かの地は「荒れ果てている」(Buber 1916c (2002), 272)。このような現状認識に基づきながら、ブーバーは「復興したシオンがあらゆる民族のための会堂と新しい地上の中心になる」ことこそ、「われわれの信仰」だと述べている（Buber 1916c（2002）, 272）。「新しい人類はわれわれを必要としている」。重要なのは新しい人類に「いかにして神がわれわれのうちに住まうか」、「いかにして神はわれわれのうちで真の人間の生を生きるか」、そして「いかにしてわれわれがわれわれ自身と神をわれわれのうちで現実化するか」を告げることである（Buber 1916c（2002）, 272-273）。

二人のあいだでつねに問題となっていたのはユダヤ教と諸民族の関係であり、ユダヤ人がユダヤ人として生きることの意味である。ブーバーは「われわれは途上にある」と言う（Buber 1916c（2002）, 274）。コーエンのメシアニズムもまた、ユダヤ人が途上にあることを積極的に認めていたと考えられるが、ブーバーによればコーエンは途上という言葉を「もっとも外在的な意味」（Buber 1916c（2002）, 274）でしか理解していない。たしかにユダヤ人は途上にある。しかし、ユダヤ人は「魂の放浪の旅から目的へと向かう放浪を行った者」であり、「目的のうちに根ざす者」「メシアの子」である（Buber 1916c（2002）, 274）。

要するに、コーエンもブーバーも、途上にあるユダヤ人という意味では普遍的なメシアニズムを共有していたのである。ただ、ユダヤ人のメシア的使命が成就するためには、故郷としてのユダヤ人国家を中間段階として通過すべきかどうかが、二人を決定的に分かつ分岐点となったのである。

終わりなきディアスポラ

こうしてコーエンとブーバーの論争は、お互いに理解し合うこともなく終わってしまう。ブーバーにはシオニズムに対する情熱的な共感があったし、コーエンには彼の『ユダヤ教の源泉からの理性の宗教』に示されている「イスラエルの残り者［イスラエルという滞った負債］」に対する深い信仰があったと言えよう。

イスラエルの残り者［イスラエルという滞った負債］のうちにこそ、みずからの民族の理想化がひそんでいることを確信していなかったならば、そもそも預言者たちは、自分たちがそれまで民族の唯一の支えとみなさざるをえなかった国家の没落を預言できなかったであろう。したがって、メシアニズムにとってこの民族は原理的に残り者［滞った負債］という意味しか持たない。この残り者［滞った負債］こそが理想的なイスラエルであり、人類の未来なのである（Cohen 1919, 306）。

世界史のなかに、そして諸民族のなかにおき去りにされた残り者は、逆説的に人類のメシア的未来を指し示している。その意味では、ディアスポラの状態は救済の徴であり、国家へのシオニズム的欲望と真っ向から対立するのも当然であろう。

ディアスポラかシオニズムか、あるいは神の手による救済か人間の力による解放か――ヒトラーの姿がまだ見えない時代とはいえ、この二つの厳しい選択こそドイツ・ユダヤ人の思想的前線だったのであり、コーエンもまた老体に鞭打ちながら出向かなければならなかった実存的戦いであった。

第二次世界大戦後、シュトラウスは「イスラエルの国家の建設は、これまで起こったディアスポラ(Galuth)のもっとも深遠な修正であるが、それはディアスポラの終焉ではない」と言った(Strauss 1965(1995), 230／三五四)。ブーバーにとってユダヤ人国家、すなわちイスラエルの建設こそユダヤ教の現実化であり、ディアスポラを終わらせることがメシア到来のための前提条件であった。しかし、シュトラウスはそれを打ち消すかのように、ユダヤ人国家の建設でさえディアスポラの継続であることに変わりはないと喝破し、ユダヤ人問題の根深さをこう表現するのであった。

有限の、相対的な問題は解決されうるが、無限の、絶対的な問題は解決されえない。換言すれば、人間は諸矛盾から自由であるような社会を創設することは決してないだろう(Strauss 1965(1995), 230／三五四)。

シュトラウスは続けて、ディアスポラの継続という特殊ユダヤ人の問題に対して、皮肉ともとれる、いささか判断に迷う言葉を口にするのであった。

あらゆる観点から見て、あたかもユダヤの民は選ばれた民であるかのように見える——少なくとも、ユダヤ人問題が社会的ないし政治的問題である限り、その問題は人間的な問題のもっとも明白な象徴であるという意味において（Strauss 1965（1995）, 230／三五四）。

ユダヤ人は選ばれた民である。そして、その民の苦境が「無限の、絶対的な問題」を意味すると同時に「人間的な問題のもっとも明白な象徴」であるならば、シュトラウスもまたディアスポラの状態にあるユダヤ人には何がしかの世界史的意義があると考えたと言うことができるだろう。

「他の誰よりもユダヤ教の信仰とドイツ文化との統一の象徴であった、もっとも権威あるドイツ・ユダヤ人」（Strauss 1965（1995）, 240／三七〇）としてのコーエンの思想がどこまでも楽観的なものであったことは否定しようもなく、ショーレムがユダヤ人とドイツ人の対話など「歴史的現象として」（Scholem 1970a, 7／八）存在したためしがないと吐き捨てるように語った事実も理解できないわけではない。ただ、ドイツ・ユダヤ人がおかれていたディアスポラの状況を真剣に受け止め、メシアニズムと接合しようと奮闘したコーエンの涙ぐましい努力に、先を急ぐシオニストの若者たちとは一線を画す老哲学者の面目躍如たる所以があったことも認めなければならないだろう。

次章でわれわれは、コーエンの戦いがスピノザに対してもくり広げられたことを知ることになる。スピノザはユダヤ教に対する裏切り者として、そして彼の意図とは別にシオニズムの父として糾弾されるのであった。

第4章

裏切り者のゆくえ

彷徨うスピノザ

スピノザ

レオ・シュトラウス

スピノザは「人間として理解できない裏切り」(コーエン)を犯したユダヤ人だと批判されながらも、ドイツ・ユダヤ人たちに簡単には拭いきれない思想的痕跡を残した。シュトラウスはスピノザのユダヤ教に対する裏切り・復讐説をしりぞけ、哲学する自由の擁護者を彼のなかに見る。哲学者にしてユダヤ人であるスピノザ——果たして神から呪われた哲学者なのか、あるいは祝福されたユダヤ人なのか、そして誰がスピノザを真剣に受け取ったのか。

近代哲学史において「異端」や「破門」という言葉は、迷いもなくスピノザ（一六三二―一六七七）に帰せられることが多い。スピノザの難解な哲学は知らずとも、破門されたレンズ磨きの哲学者という評判は伝説交じりの伝記とともに人口に膾炙しているかもしれない。とはいえ一六五六年七月二七日、二〇歳半ばの、この偉大なユダヤ人に呪いの言葉が投げかけられたことは歴史的事実である。その宣告文を少しだけ引用しよう。

天使たちの意志により、聖人たちの命令により、我々は褒むべき神の同意とともに、聖なる共同体全体の同意とともに、そして六百十三個の戒めの記されたこれらの聖なる巻物の前で、バルーフ・デ・スピノザを破門し、追放し、弾劾し、呪詛する。……昼も呪われてあれ、夜も呪われてあれ、また寝るときも呪われてあれ、起きるときも呪われてあれ。……（ナドラー 二〇一二、一八〇―一八一）。

スピノザと言葉を交わすことはもとより、彼の文書を読むことも禁じた決定は、この若きユダヤ人哲学者の追放に首尾よく成功したのである。しかし、一七世紀の呪われた哲学者は、歴史の進展のなかでロマン主義者たちから崇められ、二〇世紀になると祝福された哲学者としてその姿をあらわした。人々の移り気な態度など、いつの時代でも当てにならないものだが、スピノザに対する評価が大きく変わったことは、まんざら無視すべき話でもないようである。

1　祝福された哲学者

スピノザ記念日

スピノザがこの世を去って二五〇年が経過した一九二七年、この年の意味についてローゼンツヴァイクはこう書いている。「時代の刻印、とくにユダヤ的時代の刻印は一九二七年のスピノザの記念において明白になった。すなわち、いくつかのほんの少しの正統派の声を除いて、もっとも極端な「宗教的」ユダヤ教からもっとも極端な「民族的」ユダヤ教にいたるまで、「偉大なユダヤ人」に対する満場一致の熱狂があったのである」(Rosenzweig 1929 (1984), 166)。ローゼンツヴァイクの報告は、明らかにスピノザに対する態度が変化していることを物語っているだろう。

さらにその五年後の一九三二年、ヒトラーが政権にのぼりつめる一年前は、スピノザがこの世界に誕生してちょうど三〇〇年目を迎えた年だった。一二月一五日、ベルリンの有名なシナゴーグで、講義や国際的なゲストとともにスピノザの展覧会が開催された。展示品はスピノザの自筆の原稿や彼の作品の初版であり、ドイツ国内をはじめアムステルダムやコペンハーゲンからも陳列物が持ち込まれたと言う (Wertheim 2011, 5–6)。

スピノザに対するドイツ・ユダヤ人の態度をよくあらわしているエピソードだが、スピノザを言祝いだのは何もユダヤ人だけだったのではない。同じ年にハーグで開催されたスピノザの国際会議についての報告を読むと、その内容は学識あるカトリックの学会の読者に向けられていることがわかる。ケープタウン、ポルトガル、アメリカなどからもスピノザ研究者が集まり、そのなかには注目すべき数のカトリック教徒、とくにイエズス会士がいた。報告者によれば、カトリック的理念とスピノザを結びつけているのは「思考の普遍主義」(Hartmann 1932, 530)である。「トマス・アクィナスがアリストテレスとの関係において最高にして完全な存在を受け入れたように、スピノザもまた無限の実体、すなわちみずからを産出する実体から出発する」(Hartmann 1932, 530)。カトリックの古典的神学者と異端のユダヤ人哲学者を並べながら、両者の親近性が指摘されているが、同時に報告者はその国際会議にプロテスタント神学者、とくに「危機神学者たち」が居合わせていなかったことも指摘している(Hartmann 1932, 532)。神の超越的啓示に専心していくプロテスタント神学者には、スピノザを受け入れる余地はもうなかったのかもしれない。

スピノザを祝福したもうひとつのグループがある。シオニストたちである。たとえば、『ユダヤ展望』(Jüdische Rundschau)のなかには「スピノザのなかの、そしてスピノザをめぐる誤解」というクラッキンの講演に関する記事があるが、そこにはこう書かれている。

ひとつの新しいユダヤ教が生まれていると把握されているが、それは同化のなかで改革され、啓蒙されたユダヤ教ではけっしてなく、最高の内的な改革をみずから実行するユダヤ教、すなわち単なる宗教的なものから世俗的なものへ、狭隘な民族的なものから人間一般的なものへの移行を実行するユダヤ教である。……もはや精神的な孤立や閉鎖性のなかで何とか生き続けようとはしないユダヤ教は、その一族の出であるバルーフ＝ベネディクトゥス・スピノザを歓迎したために自由にもなったのである（Klatzkin 1927, 175）。

スピノザは自由なユダヤ教をもたらしたのであり、それこそシオニズムだと言うのがクラツキンの議論である。ユダヤ教の歴史は新しい局面に入った。すなわちユダヤ教の歴史の世俗化が起こったのであり、「メシアの到来を待ち望むことは、もはやユダヤ教を定めるものではない」（Wertheim 2011, 161）。こうしてスピノザは、シオニストたちから世俗的ユダヤ人の模範として祝福されたのである。

もちろん、誰もがスピノザを手放しで賛美したわけではない。ユダヤ人哲学者の巨星コーエンは、一九二七年と一九三二年の記念に先立って、スピノザを厳しく告発し、被告人席へと立たせたのであった。そして、一見するとその被告人に対する弁護人の役を買って出たのがシュトラウスであったように思える。しかし、事の成り行きはそう簡単ではない。ヴァイマール・ドイツのなかで彷徨うスピノザの姿を、とくにコーエンとシュトラウスの議論を中心にして探してみよう。

2　裏切り者の弁護人――シュトラウスのコーエン批判

一九一五年、第一次世界大戦の最中、コーエンは厳しいスピノザ批判の論文「スピノザにおける国家と宗教、ユダヤ教とキリスト教について」を書いた。スピノザは「人間として理解できない裏切り」(Cohen 1915b (1924), 361)を犯したという厳しい糾弾とともによく知られている彼のスピノザ論である。一九二四年にはブルーノ・シュトラウスの編集によってコーエンの『ユダヤ著作集』全三巻が出版されたが、そのなかにスピノザ論もおさめられていた。そして、若きシュトラウスがすでにこの世を去っていた大家コーエンのスピノザ論に対して批判的応答をしたのが、同年、雑誌『ユダヤ人』に書かれた「コーエンによるスピノザの聖書学の分析」である。この論文はユダヤ教学アカデミーを運営していたユリウス・グットマンの目に留まり、シュトラウスはアカデミーに雇用され、一九三〇年、彼自身のスピノザ論『スピノザの宗教批判』を書き上げるのであった。スピノザの亡霊が、結果的にシュトラウスの思想の核心部分を準備したと言っても過言ではないだろう。コーエンのスピノザ論はけっして短いものではないし、シュトラウスもすべての論点に応答しているわけではない。ここではいくつかの問題に絞って議論を整理したい。

いかにしてスピノザを読むべきか

コーエンは、論文の冒頭でスピノザの書物のタイトル自体に不満を漏らしている。

スピノザが旧約聖書と新約聖書を詳細に批評した著作は、同時に国家概念と関係する宗教概念に関わる考察を含んでいる。著作のタイトルは、この両方の問題を要約している。すなわち、神学・政治論である。しかし、そこには政治と同様に神学においてともに作用していると言ってよい哲学への指示が欠けている(Cohen 1915b(1924), 290)。

コーエンはスピノザの思想分析に先立って、まず彼の書物のタイトルを注意深く吟味し、国家と宗教の関係、そして哲学の不在を指摘している。

この問題提起を受けてシュトラウスは、「神学・政治論」というタイトルを快く思わないコーエンの態度は、彼の方法論と表裏一体の関係にあると言う。

彼[コーエン]がある思想の批判を、その思想に対するおそらく偶然的な表現への批判で覆うのは、コーエンのスタイルにとって特徴的なものである(Strauss 1924a(2008), 363)。

この最初の文章においてすでにシュトラウスは、コーエンのスピノザ解釈の致命的な点にふれている。後に述べるように、コーエンはスピノザの議論の重要な部分を素通りしてしまい、外在的な要因によってスピノザを批判しようとしている。言い換えれば、方法論の誤用は内容の誤読に結びついているのである。シュトラウスによれば、コーエンは「集中的で強く訴えかけ、言葉を深刻かつ真剣に受け取るわれわれの伝統的な解釈技法の種類」(Strauss 1924a (2008), 363) にしたがってスピノザを読んでいるのであり、そこにコーエンの大きな問題点がある。

シュトラウスは、コーエンが表明するタイトルに対する不満は見当違いであることを暴いていく。「われわれは歴史的・批判的方法で解釈しながら、この指摘は一七世紀においては不必要であったと確認するだろう」(Strauss 1924a (2008), 363)。スピノザとコーエンは当然異なる歴史的状況におかれていたのであり、それを証明するかのようにコーエンの書物自体が彼の時代を濃厚に反映したタイトルを持っていた。そうであれば、スピノザもまた動かしがたい時代の制約のなかで、あのタイトルを選んだのである。

> われわれの世紀において「ユダヤ教の源泉からの宗教」のもとで、もしかすると何かまったく異なるものが思い描かれるがために、コーエン自身にとっては彼の神学的主著に「ユダヤ教の源泉からの理性の宗教」という表題を与えることを必要としたのである (Strauss 1924a (2008), 363)。

たしかにスピノザは、「哲学」という言葉をタイトルに含めることはしなかった。しかし、それは必要なかったのであり、場合によっては「哲学」を選ぶことは命を懸けた行為になったはずである。これに対して、コーエンはたとえ神学や宗教の著作であっても、理性の名のもとで語ることができ、とくにユダヤ教はそれができなければならなかったのであり、アテネとエルサレムは共存共栄できると心から信じていたのである。

コーエンとシュトラウスの議論は、両者の論文の冒頭一段落をそれぞれ見ただけでも、きわめて真剣な雰囲気のなかで戦わされていたことがわかる。このわずかな部分に、タイトルから導き出される神学と政治の関係、哲学の不在、方法論の問題、そしてスピノザとコーエンがおかれていた歴史的状況の差異がすでに示唆されているのである。

ある書物のタイトルを注意深く読解する作業において、コーエンもシュトラウスもお互い譲ることはない。彼らが書物のタイトルに対して並々ならぬ関心を寄せていたという事実は、思想史の方法論の問題として、ここで強調しておいてもよいだろう。

スピノザの復讐

シュトラウスによれば、「タイトルに対する批判のなかには、書物に対する批判が核心において含まれている」(Strauss 1924a(2008), 363)。コーエンが執拗にタイトルにこだわる背景には、なぜ神学と政治が結びつくのかという疑問がある。彼は、スピノザの著作の「文化史的意義」(Cohen 1915b

(1924), 290)について探る必要を語る。コーエンにとってスピノザの『神学・政治論』は「ヨハン・デ・ウィットの共和主義的政策を支持しようとする傾向を持ったジャーナリスティックな著作」(Cohen 1915b (1924), 290)——政治——と聖書の文献学的批判——神学——が不自然に結合しているのであり、両者を媒介する要素を探さなければならなかった。

このような問題意識を理解しながらも、シュトラウスから見ればコーエンは誤った方向に向かっていったのである。コーエンは、タイトルを検証しながら、スピノザの著作には何か偏見に囚われた諸前提があるのではないかと疑っている。「もしある凡庸な著者におけるある一節が解釈者にとって理解できない、あるいはある一節が解釈者にとって不快に感じられるならば、これは著者の生涯を問わなければならない」(Strauss 1924a (2008), 363-364)——このような方法論的態度こそ、シュトラウスが指摘するコーエンの問題点である。だが、そんなことは意にも介さず、コーエンは「スピノザはアムステルダムのシナゴーグから重大な破門を下されたことは周知である」(Cohen 1915b (1924), 291)と書いている。

これに対して、シュトラウスは「このような個人的関係を強く考慮する解釈技法には歴史的・批判的解釈技法を対置させることで十分だ」(Strauss 1924a (2008), 364)と述べている。要するに、コーエンは聖書の文献学的批判とオランダの政治家ヨハン・デ・ウィットのための政治的著作というジャーナリスティックな課題が不自然に結合している事実を説明するためには、「スピノザの生涯に由来する嫌な事実」(Strauss 1924a (2008), 364)、すなわちユダヤ教からの破門を、そしてスピノザが犯した「人間として理解できない裏切り」を考慮しなければならないと考えているのである。こうしてスピノザの『神学・政治論』はみずからを破門したユダヤ教に対する「抗議の書」(Cohen 1915b(1924), 292)としてあらわれる。

しかし、シュトラウスはコーエンのスピノザ批判を受け入れることは到底できない。なぜなら、『神学・政治論』の内容は「破門に先立っている」(Strauss 1924a(2008), 366)からである。その本質的な内容は「彼自身の思考の連関」(Strauss 1924a(2008), 366)が生み出したものであり、破門はきっかけにすぎないのである。『神学・政治論』は、ユダヤ教に復讐するために書かれたのではない。

復讐ではなく自由

それではシュトラウス自身は、スピノザの『神学・政治論』をどのような背景のもとで理解していたのだろうか。『神学・政治論』には「本書は、哲学する自由を認めても道徳心や国の平和は損なわれないどころではなく、むしろこの自由を踏みにじれば国の平和や道徳心も必ず損なわれてしまう、ということを示したさまざまな論考からできている」(スピノザ 二〇一四、(上)二五)と書かれているが、シュトラウスにとって思考や哲学する自由を求めたスピノザから、「政治的問題と文献学的問題の結びつきの必然性」(Strauss 1924a(2008), 364)が生まれることは何ら不自然ではない。「探究の自由は公的権力に対して保護されるべきである――公的権力には、しかし二つあった。すなわち、現世の権力と教会の権力である」(Strauss 1924a(2008), 364)。

コーエンのように破門とユダヤ教への復讐という心理的要因から『神学・政治論』を読んでも、スピノザの意図は見えてこない。いくらコーエンがタイトルにおける哲学の不在や神学と政治の不自然な結合を批判しても、「歴史的・批判的方法」を通して見れば、それは哲学する自由を擁護するために神学(教会)と政治(現世)の権力と渡り合おうとするスピノザの真剣な戦いである。

いや、そもそも「人は一七世紀における政治的問題と教会・神学的問題の客観的な分離について語ることができるのか」(Strauss 1924a(2008), 365)。コーエンによるスピノザの復讐説に抗して、シュトラウスは言う。「国家論と聖書批判の結合は、スピノザがいる歴史的連関のなかで十分にその動機が説明されている」(Strauss 1924a(2008), 366)。

悪魔と神

コーエンによれば、「この聖書批判の神学的内容の全体はヘブライ人の国家、すなわちモーセによって創設されたユダヤ教という宗教は、むしろユダヤ人国家の樹立と維持だけを目的とする思想を目指している」のであり、「この文献学的研究の全体はユダヤ的宗教概念の破棄を意図している」(Cohen 1915b(1924), 293)。「ユダヤ人国家の樹立と維持」という措辞は重要な点である。コーエンにとってこれは両極端の意味を持っていたと、シュトラウスは書いている。「この思想は彼にとってとって悪魔的である。これに対して、もしある人がユダヤ教という宗教は社会主義国家の樹立と維持だけを目的としていると言うならば、コーエンはこれをどこまでも悪魔的ではなく、神的とみなしたであろう」(Strauss 1924a (2008), 367)。コーエンは、みずからのメシアニズムと社会主義の実現を重ねていたが、後に見るようにそれはシオニズム的なユダヤ人国家ではないし、あくまで彼の理想は人類のうえに築かれていた。これに対して、スピノザは社会主義国家を目指していたわけではもちろんない。たとえば、スピノザをシオニズムに引き付けて解釈する際に、頻繁に引用される個所を読んでみよう。

……彼らの心が普遍宗教的な諸原理によって和らげられるならともかく、そうでない限り、わたしはこう信じて疑わない。変わりやすい人の世の出来事の中で、いつかその機会が与えられるなら、彼らは自分たちの国を再び打ち立てるし、神は彼らを改めて「選ぶ」だろう(スピノザ 二〇一四、(上)一八四)。

しかし、これは神に対する冒瀆である。神の選びが政治的次元に矮小化されており、ユダヤ教が持っている――とコーエンが信じている――普遍性が著しく損なわれているのである。

スピノザの汎神論も同じだと言う。コーエンは、『神学・政治論』から次の一節を引用している。「自然の力とは神の力そのものであり、神はあらゆることに対して至高の権利をもっているからだ」(Cohen 1915b (1924), 305; スピノザ 二〇一四、(下)一五〇)。自然と神の同一化は、力と正義の同一化と同義である。ここにはコーエンが求める倫理的一神教としてのユダヤ教の普遍性は微塵もない。いずれにせよ、スピノザはユダヤ教から普遍性を剝ぎ取り、神に致命傷を与えることで「ユダヤ的宗教の政治化」(Strauss 1924a(2008), 367)を意図しているのであり、そこには破門を契機に秘められていた彼の復讐心があったと、コーエンは断言している。

スピノザという出来事

シュトラウスは何度もくり返し、スピノザをユダヤ的文脈や個人的関係のなかに無理に閉じ込めて解釈してはいけないと警告している。『神学・政治論』の目的も構成も結果も、すべてスピノザとユダヤ教の関係を無理に考慮しなくても理解できるのである。「その点では、『神学・政治論』はキリスト教的・ヨーロッパ的出来事なのであり、ユダヤ教的出来事ではない」(Strauss 1924a(2008), 382)。

この指摘に関しては、シュトラウスが一九二六年に書いたスピノザ論「スピノザの聖書学とその先駆者に寄せて」も合わせて読むとよい。この論文は、ローゼンツヴァイクをして「本気でコーエン的問題と取り組んでいる比類なき論文」(Rosenzweig 1929(1984), 166)と言わしめ、シュトラウスが「わたしはわたしの論文に対する示唆をヘルマン・コーエンの論文「スピノザにおける国家と宗教、ユダヤ教とキリスト教について」に負っている」(Strauss 1926(2008), 389)と告白した作品である。そのなかでシュトラウスは、スピノザの目的とコーエンの問題意識の鋭さを評価しながら、こう書いている。

スピノザは「ユダヤ教の一神教」、「預言者の社会倫理」ではなく、そのあらゆる形式における啓示宗教を攻撃している。すなわち、コーエンによって実行された問いの急進化という意味において、『神学・政治論』の分析は啓示宗教の急進的批判として、ふたたび着手されなければならない(Strauss 1926(2008), 390. 傍点引用者)。

スピノザの批判対象はユダヤ教というよりも啓示宗教一般であり、それはキリスト教が深く根を張ったヨーロッパ世界全体を敵に回すような戦いであった。こうしてスピノザは、アムステルダムのシナゴーグから破門を言い渡されたが、今度はシュトラウスによってユダヤ教から追放されてしまった。

これと類似した認識を、グットマンも持っていたようだ。彼にとって「スピノザの体系は正しくは、ユダヤ哲学の歴史によりもむしろ、ヨーロッパ思想の展開に属している。……ユダヤの宗教とのいかなる接触をも断たれた彼の哲学は、もはやユダヤ教の信者に向けられることはなく、自律的真理なる観念によって結ばれたヨーロッパの思想家たちの共同体に向けられた」(Guttmann 1964, 265／二六五)。シュトラウスとグットマンによる破門宣告は、スピノザの哲学が一七世紀のヨーロッパ文化が抱えていた根本問題に取り組むことなしには理解することができないことを示唆している。

スピノザとユダヤ性

とはいえ疑問も残る。シュトラウスは執拗にスピノザをヨーロッパ世界へ入場させようと後押ししながらも、スピノザという出来事が果たしてユダヤ教と本当に無関係なのかという問題について、彼自身、本当に態度決定ができているのだろうか。なぜならシュトラウスは論文の最後に向かうにつれて、スピノザの聖書学とユダヤ教の関係を問う必要性を滲ませ、まるでコーエンの問題意識を引き継ぐかのように、こう書いているからである。「いかなるユダヤ的衝動がスピノザの聖書学のなかで活きているのか」(Strauss 1924a (2008), 386)。

いよいよシュトラウスは、コーエンによるスピノザの有罪判決に対して彼自身の判決を下そうとする。判決文をそのまま引用しよう。

> 明確ではないけれども、もしコーエンがこのような学問［聖書学］の評価に対する最高裁判所としてユダヤ教の関心を設けるならば、コーエンは正しい——もしコーエンがこのようなユダヤ教の関心をわれわれの民族精神の内的必然性ではなく、神学・政治的弁証論の目的への外的考慮によって規定するならば、コーエンは間違っている。もしコーエンがユダヤ教に関するスピノザの思想とユダヤ教に対する彼の態度をユダヤ的基準で測ろうとするならば、彼は正しい——しかし、いかなるユダヤ教のモチーフがユダヤ教に関するスピノザの思想と態度に通じているのかを問い、彼のユダヤ教との対決をユダヤ的対決として把握することは、ユダヤ精神の

自己認識にとって役に立たないのだろうか(Strauss 1924a(2008), 386)。

復讐に燃えるスピノザというコーエンの心理的解釈に抗いながらも、シュトラウスはスピノザのユダヤ性をどのように問うべきかと困惑している。しかし、シュトラウスはコーエンに対して確実な判断も下していた。すなわち、彼にとってスピノザという出来事を通して「ヘルマン・コーエンの模範的な真剣さ」が示されたのであり、ロマン主義者が名づけた「神に酔える者」などというイメージにコーエンが満足するはずもないのである(Strauss 1924a(2008), 386)。

3　誰のための遺言?

中立者の共同体

スピノザの生誕三〇〇年目を迎えた一九三二年、シュトラウスは「スピノザの遺言」というテクストを書いた。掲載された雑誌から判断して、おそらくユダヤ人読者に向けて書かれたと思われるこのテクストは、ユダヤ人シュトラウスがドイツを去る前の最後のスピノザ論であり出版物だったと言えよう。

シュトラウスによれば、スピノザの律法批判は「近代哲学の基礎」(Strauss 1932(2001), 418/五二)がなければ起こりえなかったものである。たしかにスピノザはユダヤ人であったし、ユダヤ人としての教育も受けたし、「書物に関してはもっとも強力にユダヤ人著作家たちに依拠していたのである」(Strauss 1932(2001), 418／五三)。しかし、スピノザが所属する場所はユダヤ人の共同体ではない。単に彼がアムステルダムのシナゴーグで破門宣告を受けたから、そうだと言うのではない。スピノザの思想の内実が、彼にユダヤ人の共同体のなかにみずからの場所を持つことを許さないのである。それでは、スピノザはどこに並ぶべきなのか。

> スピノザは彼がそうであるところの「よきヨーロッパ人」としてユダヤ的伝統から、彼に引き渡された共通のヨーロッパ思想の財産を引き継いだのであり――これ以上のものはない。……スピノザはユダヤ教の一員ではなく、ニーチェが「よきヨーロッパ人」と呼んだ優れた精神の持ち主の小さな集いに名を連ねている。一七世紀のすべての哲学者が、この共同体に属している(Strauss 1932(2001), 419／五四)。

先に引用した「自律的真理なる観念によって結ばれたヨーロッパの思想家たちの共同体」というグットマンの言葉が思い出されるが、スピノザという出来事は近代ヨーロッパの出来事なのである。しかし、同じ一七世紀の哲学者の仲間のなかでもスピノザは異色の地位を占めていた。「すなわち、デカルト、ホッブズ、そしてライプニッツがキリスト教徒であり続けたのに対して、スピノザはユダヤ教徒にとどまらなかった」(Strauss 1932(2001), 419／五四)。スピノザは、ユダヤ人の神殿に招き入れられることを望まないかもしれない。むしろ、スピノザはよきヨーロッパ人の「中立者」の共同体へと召喚されなければならない。

シュトラウスはスピノザにおける「中立者」の契機について、一九二四年の論文のなかでもふれている。「いわばスピノザは、国家と教会に対する哲学者の中立性を貫徹しようとする」(Strauss 1924a (2008), 368)。こうして人がスピノザに対してどんなにひどい敵意を抱いたとしても、「ユダヤ教との断絶に基づいた、ユダヤ民族に対する中立性」という彼の「最後の意志」は断固として尊重されなければならないのである(Strauss 1932 (2001), 419/五四)。

シオニズムの父

しかし、スピノザはシオニズムの父と呼ばれているではないかと反論されることも、シュトラウスは予期している。「神によるユダヤ人の新たな選びに関する発言」――「……彼らの心が普遍宗教的な諸原理によって和らげられるならともかく、そうでない限り、わたしはこう信じて疑わない。変わりやすい人の世の出来事の中で、いつかその機会が与えられるなら、彼らは自分たちの国を再び打ち立てるし、神は彼らを改めて「選ぶ」だろう」――を「空虚な決まり文句」として一蹴しながらも、彼はスピノザの「政治的遺言」を探し出す(Strauss 1932 (2001), 420/五四)。

シュトラウスによれば、「ユダヤ人国家の復興が可能となる条件に対する中立的な検討」こそ、彼の「政治的遺言」である。そして、「その可能性の条件とはユダヤ人の宗教がユダヤ人の心情に関わる力を喪失しているということである」(Strauss 1932(2001), 420／五四)。その意味ではスピノザは、みずからの教師であるマキァヴェッリがローマにおける徳の衰退をキリスト教の責任に帰したように、彼もまたユダヤ人国家が復興できなかったときの責任をユダヤ教に負わせている。

ただ、これをもってスピノザをシオニズムの父に祀り上げることは危険である。なぜならスピノザはユダヤ人国家の復興を願っているのではなく、ただ議論しているにすぎないからである。「彼は自分の哲学的中立性の高みから下に降りてくるかのように、ユダヤ人たちが彼らの宗教から自由になり、彼らの国家をふたたび創設する可能性を手に入れるための判断を彼らに委ねる」(Strauss 1932(2001), 420／五五)。

涙の意味

ユダヤ人がユダヤ教から自由になること、そしてそれを中立者の高みから議論すること――スピノザは神学と政治を切り離すことができない一七世紀のなかで、哲学者として思考した。シュトラウスはスピノザの指輪に刻み込まれた「用心せよ」という文字を気にかけ、「独立」という言葉が語られる限り、スピノザ崇拝は続くと書いている。そして彼の崇拝者だけが、スピノザの遺言を理解することができるはずである。哲学する自由を許容することは敬虔の念と国家の平和を損なうことにならないだけではない。むしろ、この自由を奪えば国家の平和と敬虔の念を危うくしてしまうと、スピノザは警告した。

シュトラウスが指摘するように、彼の「政治的遺言」が「ユダヤ人国家の復興が可能となる条件に対する中立的な検討」であるとしても、彼の哲学的遺言はまさに独立した共同体のなかで哲学する自由を擁護することだったはずである。中立者の高みにあるスピノザが、宗教権力からの自由と哲学する自由を唱えたのであれば、だからこそ彼は『神学・政治論』を書かなければならなかったのである。それはもちろん、みずからの復讐を果たすためなどではなかった。あえて言えば、彼は一流の政治哲学者であったがゆえに、『神学・政治論』を書いたのである。

もうひとつ気になることがある。近代哲学の基礎のうえにみずからの思想を築いたスピノザは、その意味では啓蒙主義者である。そうであれば、最後の啓蒙主義者とも言えるコーエンもやはりスピノザを崇拝していたのだろうか。もちろん彼が「人間として理解できない裏切り」を犯したスピノザを崇めるはずなどないと思うが、スピノザがあれほど哲学する自由を擁護したのであれば、正統派のユダヤ人から「創造の主はどうなるのでしょうか」と問われ、答えることができず涙を流すしかなかったコーエン、「彼の信仰と伝統の信仰のあいだの裂け目に橋を渡すことができない」と認めるしかなかった敬虔な哲学者コーエンもまた(Strauss 1935(1997), 38)、やはりひとり孤独な戦いを続けるスピノザのために涙を流すことができたのではないだろうか。どんなに憎しみが二人を遠ざけようと、コーエンの頬をつたわる涙は伝統の糸が切れてしまった近代世界のなかで、知的誠実さを擁護するために流されたのだから。

4　理性への葬送行進曲

シュトラウスは、一九三〇年に出版した『スピノザの宗教批判』の英語版のために序言を寄せた。ドイツ語版が世に出てから三五年の月日が経っていた。後に「『スピノザの宗教批判』への序言」は、『リベラリズム　古代と近代』のなかに再録されることになる。

英語版序文はシュトラウス自身の生い立ち、ヴァイマール・ドイツの知的状況などから説き起こされているが、徐々に内容はスピノザとコーエンの対決で彩られていく。過去に書いたシュトラウスの議論がちりばめられながら、同時に言葉の書き換えや新しい文章の挿入があり、実のところ非常に注意深い読解が要求されるテクストである。おそらくシュトラウスが書いたもっとも奥深い作品のひとつと言ってもよいだろう。

英語版序文は、次のような文章からはじまっている。「本章がそれへの序言であるスピノザの『神学・政治論』に関する研究は、一九二五年から一九二八年のあいだにドイツで執筆された。その著者はドイツで生まれ育った若きユダヤ人で、みずからが神学・政治的な窮状に陥っていることに気づいていた」(Strauss 1965(1995), 224／三四五)。

「神学・政治的な窮状」のなかで、近代ユダヤ人は近代哲学と自然科学の猛威、そして伝統的なユダヤ教の変容を目の当たりにしながら、こう問わなければならなかったのである。

ユダヤ教正統派への無条件の回帰は、可能でもあれば必要でもあるのかどうか――それは、非ユダヤ教的な近代世界のなかで道に迷ったユダヤ人の問題に対する解決策であると同時に、純然たる首尾一貫性ないし知的誠実さと両立しうる唯一の進路でもあるのかどうか、と(Strauss 1965(1995), 239／三六九)。

ユダヤ教正統派と近代世界の不和から派生する難題は「美しい夏空に浮かぶ遠くの小さな雲のように」(Strauss 1965(1995), 239／三六九)残ったと書かれているが、それはいつしかスピノザという姿をとってあらわれたのである。シュトラウスによれば、スピノザは「ユダヤ教の出自を持っていたが、ユダヤ教の真理を公然と否定し、ユダヤの民に属すのをやめ、キリスト教徒にもならなかった、もっとも偉大な人間」(Strauss 1965(1995), 239／三六九)である。しかもこの中立的な哲学者はユダヤ教正統派への回帰の成否を決定する鍵を握っていた。「正統派に回帰することができるとすれば、それはスピノザがあらゆる点において誤っている場合をおいて他にはなかったのである」(Strauss 1965(1995), 239／三六九―三七〇)。

シュトラウスはスピノザに賛辞を送りながら、彼を批判するコーエンも快く迎え入れる。「もっとも権威あるドイツのユダヤ人」コーエンは、「稀有の献身を行ったユダヤ人で、ドイツ・ユダヤ人の信仰篤い導き手、守護者、および警告者であると同時に、控えめに言っても、彼の世代の他のすべてのドイツの哲学教授たちを精神力においてはるかに凌ぐ人物であった」(Strauss 1965(1995), 240／三七〇)。「もっとも偉大な人間」と「もっとも権威あるドイツのユダヤ人」の対決がふたたびはじまる。

恩恵を施すスピノザ

スピノザはみずからユダヤ教にもキリスト教にもとどまることはなく、その立場に彼の「遺言」が由来していることは先に指摘した。しかし、スピノザはドイツ・ユダヤ人のなかでは、まるでメシアのように受容されていく。スピノザは「まったく新しい種類の社会、つまり新しい種類の教会を鼓舞すべき新しい宗教ないし宗教性への道を示した」のであり、「新しい教会の唯一の父」となった(Strauss 1965(1995), 241／三七二―三七三)。

それは、その土台がもはやいかなる実定的な啓示でもないがゆえに、事実において普遍的であるべきであり、他の教会のように単に主張において普遍的であるべきではないような新しい教会――その支配者は司祭や牧師ではなく、哲学者と芸術家であり、そしてその信徒は教養《カルチャー》〔文化〕と財産を持った集団であるような教会——である(Strauss 1965(1995), 241/三七三)。

この新しい教会の唯一の父はユダヤ教徒でもキリスト教徒でもない人間、教養〔文化〕、科学、芸術は所有しているが宗教を必要としない人間を生み出した。このような人間による社会はドイツのユダヤ人たちを解放し、彼らに世俗内での救済をもたらす。

シュトラウスのスピノザ理解は、当然のことながら同化主義的な言説、そして哲学する自由と深く関わっている。すなわち、「哲学の自由は自由主義的国家を要求する、あるいは要求するように見え、そして自由主義国家はそれ自体としてはキリスト教的でもユダヤ教的でもないような国家なのである」(Strauss 1965(1995), 246/三七九—三八〇)。中立性の高みにいるスピノザは、中立的な国家を要求する。この中立性への固執の背後に、コーエンはユダヤ教に対するスピノザの復讐心を読み込むわけだが、シュトラウスはコーエンよりも丁寧な議論をし、スピノザのシオニズム的解釈にも警戒している。

スピノザはユダヤ教を憎んでいたかもしれないが、ユダヤの民を憎んではいなかった。彼が他のすべての点においてどんなに悪しきユダヤ人であったとしても、彼はユダヤ人たちの解放について、彼の哲学を前提にした場合に彼がそれについて考えることのできた唯一の仕方で考えたのである(Strauss 1965(1995), 246/三八〇)。

ユダヤ教がユダヤ人の心情を軟化させてしまうならば、ユダヤ教を捨て、ユダヤの民を救済するべきではないか。このあまりに「マキアヴェッリ的」な提案にシュトラウスは危険な賭けを見る。なぜなら「人道主義的な目的があらゆる手段を正当化しているように見え、彼はもっとも危険な遊戯を楽しんでおり、そして彼の手続きは彼の神と同様に善悪のはるか彼岸にある」からである（Strauss 1965（1995）, 246／三八〇）。受容する側にも問題があるとは言え、「善悪のはるか彼岸」をいとも簡単に指さしてしまうスピノザの思想は、裏切り者とメシアの二つの顔を持っている。その意味では、どちらとも言えないスピノザ自身もまた「善悪のはるか彼岸」にいる。

啓蒙の嘲笑とシュトラウスの嘆息

中立者の高みにのぼろうとするスピノザは果たして勝利したのか、あるいは膝を屈したのか――裏切り者のゆくえは近代世界全体のゆくえを左右している。理性と啓示、啓蒙と正統派は簡単に勝敗をつけることはできず、無限に先延ばしされる対立に巻き込まれていった。勝利するための条件はわかっていたのである。ただ、それが正しい条件であったかどうかは別の問題であった。

シュトラウスによれば、もし正統派がモーセ五書はモーセが書いた、あるいは聖書には奇跡が記されていることなどを「知っている」と主張したならば、スピノザは正統派に勝利しただろう。「しかし、もし正統派が前述の事柄を信じていると断言することにみずからを制限するならば」、問題はまったく別の展開をたどる(Strauss 1965(1995), 254／三九二―三九三 傍点引用者)。なぜなら正統派が依拠している前提とは、「その意志は測り知れず、その道はわれわれの道ではなく、深い闇のなかに住まうことを決定した、そうした全能の神が存在するかもしれない、という反駁不可能な前提」(Strauss 1965(1995), 254／三九三)であり、この前提にしたがえばあらゆる奇跡と啓示は可能となるからである。それゆえ、強烈な正統派の前提に抗う手段を持たない啓蒙的理性は、正統派を嘲笑し黙殺するしかなかった。

しかし、皮肉にもこの「嘲笑」という戦闘手段を選んだことは、正統派を論駁できないということの間接的な証明となってしまったのである。手段の誤りは帰結の誤りに陥っていく。反駁の後に嘲笑が起きるのではなく、嘲笑したことで反駁した気になってしまったところに悲劇がある。では、どうすれば反駁が成功するのだろうか。

正統派の真正な反駁には、世界と人間の生は神秘的な神を想定しなくても完璧に理解可能であるという証明が必要であろう。少なくとも、哲学体系の成功が必要であろう(Strauss 1965(1995), 254／三九三)。

理性の十全性によってあらゆるものの「明晰かつ判明な説明」を可能とするスピノザの哲学体系は、残念ながら仮説にとどまっており、反駁に成功していない。そもそも『エティカ』は決定的な問い――明晰かつ判明な説明はそれ自体で真理であるのだろうか、単にもっともらしい仮説にすぎないのではないだろうか、という問い――を回避する」(Strauss 1965(1995), 254／三九二)。それゆえ、スピノザの哲学体系の認識上の地位は正統派の説明と変わらず、この事実は重大な結果を招くことになった。

> 啓示が可能であることを認めることは、哲学的な説明と哲学的な生き方が必然的に、明証的に、真の説明で正しい生き方であるわけではないということを認めることを意味する。すなわち、明証的で必然的な知の探求である哲学は、まさに信仰がそうであるように、明証的でない決断に、意志の行為にみずからを依拠させているのである(Strauss 1965(1995), 255／三九四 傍点引用者)。

哲学的な説明も生き方も、根本においては信仰と同様に真剣な決断の問題であるならば、無条件に明証的で正しいと言えないことも事実である。こうして「スピノザとユダヤ教」「不信仰と信仰」の対立は、「「パスカル的」あるいはヤコービ的な香り」(Smith 2006, 80)を漂わせながら道徳的な対立として姿をあらわすのである。

しかし、S・スミスが書いているように、この対立はいささか哲学にとって分が悪かった。なぜなら哲学は「信仰に、つまり意志の働きに立脚することを認める気がないからである」(Smith 2006,

80)。

また、啓蒙的理性に導かれた哲学は、究極的には「人間が見棄てられていることを正面からすすんで見ようとする姿勢にして、もっとも恐ろしい真理を歓迎する勇気」を持たなければならない。しかし、体系の完成に勤しむ哲学はその「恐ろしい真理」から目をそらしてしまう。そして、シュトラウスはその姿に嘆息をもらす。「人間をすべての人間的でない束縛から完全に解放しようとする体系的な努力が成功しているように見えるにつれて、その目標は幻想的なのではないか——体系的な文明化が進歩するにつれて人間はより小さく、より悲惨になってしまったのではないか——という疑いが増大してくる」(Strauss 1965(1995), 255-256／三九五)。

放棄できない戦い

ドイツ・ユダヤ人を見舞った破局的出来事によって理性の敗北が決まったかのように見えたが、シュトラウスは慎重な構えをやめることはしない。

合理的哲学の自己破壊による正統派の勝利は、混じり気のない神の祝福などではなかった。というのも、それはユダヤ教正統派の勝利ではなく、あらゆる正統派の勝利であったからであり、そしてユダヤ教正統派は、他の諸宗教に対するみずからの優越の主張を、最初からその優越した合理性に基づかせていたからである(「申命記」四：六)(Strauss 1965(1995), 256／三九六)。

理性が自壊していっても、それはユダヤ教正統派だけの勝利ではないこと、しかもユダヤ教正統派には彼らなりの合理性があったことがさらりと書かれている。「合理的哲学の自己破壊」という言葉に目を奪われると、その後のユダヤ教正統派が合理性を持っているというシュトラウスの指摘を見逃してしまう。ただ、ここではこの問題にこれ以上踏み込むことはやめよう。

シュトラウスは、理性がみずからの足元に広がっている深淵を覗き込む勇気を持とうとしないことを不機嫌に語るかもしれない。しかし、だからと言って彼は簡単に理性を見限ることもしない。「その他の諸々の観察と経験は、理性に別れを告げるのは賢明ではないのではないかという疑いを強めた」(Strauss 1965 (1995), 257／三九六)。

理性と啓示の対立が道徳の問題であるならば、中途半端な仕方で哲学に戦いを放棄させてはいけない。まだ戦いが終わらない以上、スピノザの哲学体系は成功していなかったのであり、理性のために葬送行進曲を奏でる準備は整っていたのかもしれない。だが、シュトラウスは性急に指揮棒を振り下ろすことはしなかった。そこにシュトラウスの知的誠実さがあるのではないか。

5　アテネとエルサレムのあいだで

再読の必要性

心理的要因を強調するコーエンの方法では、スピノザの過酷な状況を適切に理解できなかった。そこにコーエンが『神学・政治論』の目的を誤解した原因があった。ローゼンツヴァイクは、こう書いている。「コーエンは、たしかに彼自身ではないが、しかし彼を、つまりコーエンその人を生み育てた時代が、スピノザなしにはありえなかったであろうという事実をもっと強く意識して、みずからの攻撃を行わなければならなかっただろう」(Rosenzweig 1929(1984), 167)。

だが、コーエンにすべての責任をかぶせることは公平ではない。コーエンはスピノザの過酷な歴史的現実を無視し、スピノザの意図を見誤ってしまったのは事実かもしれないが、コーエン自身がいかなる時代のなかで、その思想を形成していたかも考慮しなければならない。シュトラウスは、コーエンの時代的限界を語る。

コーエンの思想は第一次世界大戦以前の世界のものである。したがって、彼は人類の運命に強く影響を与えている近代西洋文化の力に対して、いま許されているように見える以上の大きな信仰を持っていた。彼が経験した最悪の事件はドレフュス事件と帝政ロシアにそのかされたユダヤ人虐殺であった。彼は、共産主義ロシアやヒトラーのドイツを経験しなかった（Strauss 1967（1997）, 399）。

反ユダヤ主義がはびこっていても、コーエンは理性や進歩に全幅の信頼を寄せることができた時代の申し子であった。だからこそ「コーエンは、スピノザが正統派それ自体を反駁していたと当然のことのように考えた」（Strauss 1965（1995）, 253／三九一）のである。しかし、すでに明らかになったように、これは大きな間違いであった。こうして『神学・政治論』を注意深く再読する必要が生じたというのが、シュトラウスの見立てであった。

祝福された裏切り者

シュトラウスとコーエンの関係は、きわめて錯綜したものである。コーエンはシュトラウスの批判対象であったことに間違いはないが、コーエンに対する賛辞は他の哲学者に対するそれをはるかに凌いでいる。そして、その賞賛のなかにはシュトラウス自身にも通じる実存的ディレンマ、すなわちユダヤ人であり哲学者であることの解消できない緊張関係が潜んでいる。コーエンの『ユダヤ教の源泉からの理性の宗教』の英訳に寄せたテクストのなかで、シュトラウスはその内容を解説しながら、最後の二つの段落で忠誠の徳について書いている。

> コーエンのほとんどすべての仕事、彼の全人生はこのような忠誠ならびにユダヤの遺産への彼の謝意についての証言となっているが、この忠誠は、コーエンの知的誠実さによって、彼がまさにユダヤの遺産に突きとめた徳によってのみ制限される（Strauss 1995, xxxviii／一七四）。

ユダヤの伝統への謝意が、彼の思想を促し続けている。だからこそ、スピノザへの批判は熾烈を極めたのである。「人間として理解できない裏切り」は、忠誠と謝意を忘れた人間にしかできない所業である。

しかし、コーエンは知的誠実さに制限されながら、どのようにしてユダヤの伝統への謝意と理性への信頼を総合しようか悩んだはずである。「コーエンは、多くのユダヤ人にとって忠実なる忠告者にして慰安者であった。とにもかくにも彼は、敵対的でさえある非ユダヤ的世界に参与しながら、この世界のなかでユダヤ人はいかにしてユダヤ人として尊厳を持ちながら生きていけるのかをもっとも効果的にユダヤ人に示したことは間違いない」（Strauss 1995, xxxviii／一七四）。非ユダヤ的世界のなかで尊厳あるユダヤ人として生きること——これこそ若きシュトラウスも陥った「神学・政治的な窮状」ではないか。シュトラウスはコーエンの思想は第一次世界大戦以前のものだと述べたが、その後の文章でこうも書いている。

> ……われわれは、未曾有の大破局と恐怖を目にしてきたし、それらのなかを生き抜いてきたの

であるが、このような破局や恐怖には、近代の進歩への信念よりもプラトンと預言者たちによっての方がよりよく備えることができ、あるいは理解することができたのである（Strauss 1967（1997），399）。

序章でも述べたが、実のところコーエンもまたプラトンと預言者たちに強い関心を寄せた哲学者であった。

スピノザとコーエンは、たしかに相いれなかった。しかし、立場はどうであれ非ユダヤ的世界のなかで哲学者として生きてゆかなければならなかった境涯は同じである。エルサレムで生まれながら、アテネの住民のごとくふるまい、近代哲学史に不朽の名を刻んだ二人のユダヤ人は、ある意味、神によって選ばれた人間である。ローゼンツヴァイクは、「コーエンはスピノザを真剣に受け取った。それゆえ、人は彼のスピノザを真剣に受け取らなかった」（Rosenzweig 1929（1984），166）と書いた。もしこれが正しいのであれば、コーエンが表した同胞への忠誠とユダヤの伝統への謝意はコーエンの真面目さだったのであり、それを理解できなかったコーエンの読者はスピノザと――スピノザを真剣に受け取った――コーエンに対して不真面目だったのである。

「ヘルマン・コーエンが生きて、書いたということはわれわれにとって祝福である」（Strauss 1995, xxxviii／一七四）とシュトラウスは言う。コーエンがこの世界に存在したことが神の祝福であるならば、同胞から裏切り者と糾弾され、非ユダヤ的世界を彷徨うスピノザもまた、実のところ祝福されたユダヤ人にして哲学者だったはずである。

第5章

教育による救済

ユダヤ的知のネットワーク

フランツ・ローゼンツヴァイク

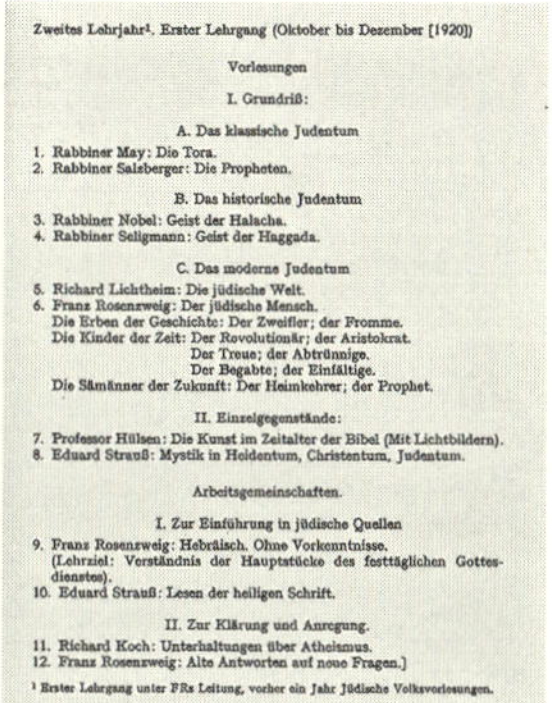

Zweites Lehrjahr[1]. Erster Lehrgang (Oktober bis Dezember [1920])

Vorlesungen

I. Grundriß:

A. Das klassische Judentum

1. Rabbiner May: Die Tora.
2. Rabbiner Salzberger: Die Propheten.

B. Das historische Judentum

3. Rabbiner Nobel: Geist der Halacha.
4. Rabbiner Seligmann: Geist der Haggada.

C. Das moderne Judentum

5. Richard Lichtheim: Die jüdische Welt.
6. Franz Rosenzweig: Der jüdische Mensch.
   Die Erben der Geschichte: Der Zweifler; der Fromme.
   Die Kinder der Zeit: Der Revolutionär; der Aristokrat.
   Der Treue; der Abtrünnige.
   Der Begabte; der Einfältige.
   Die Sämänner der Zukunft: Der Heimkehrer; der Prophet.

II. Einzelgegenstände:

7. Professor Hülsen: Die Kunst im Zeitalter der Bibel (Mit Lichtbildern).
8. Eduard Strauß: Mystik in Heidentum, Christentum, Judentum.

Arbeitsgemeinschaften.

I. Zur Einführung in jüdische Quellen

9. Franz Rosenzweig: Hebräisch. Ohne Vorkenntnisse.
   (Lehrziel: Verständnis der Hauptstücke des festtäglichen Gottesdienstes).
10. Eduard Strauß: Lesen der heiligen Schrift.

II. Zur Klärung und Anregung.

11. Richard Koch: Unterhaltungen über Atheismus.
12. Franz Rosenzweig: Alte Antworten auf neue Fragen.]

[1] Erster Lehrgang unter FRs Leitung, vorher ein Jahr Jüdische Volksvorlesungen.

自由ユダヤ学院の講義プログラム
(1920年秋)

瀕死のユダヤ教と生から疎外されたドイツ・ユダヤ人を救うために、さまざまな学術機関や教育組織が設けられた。そのなかでもベルリンのユダヤ教学アカデミーとフランクフルトの自由ユダヤ学院は、二〇世紀ドイツ・ユダヤ思想史のなかで燦然と輝く星々であった。しかし、ユダヤ的知が集合したかと思えば、複雑な人間関係に巻き込まれたことで、その知の輝きは失われ、そこに集った人々も離散してしまった。救済はどこからやってくるのか。ローゼンツヴァイクの悪戦苦闘がはじまった。

第一次世界大戦前後のドイツの知的世界では、学問が生の問題を真剣に論じていないことに、とくに若い世代から厳しい批判が噴出していた。近代性への憎悪をたっぷりと含んだ「全体性への渇望」(ゲイ 一九九九、九二)は、ブーバーの議論をひとつの共鳴板としながら、ユダヤ教学のなかにも存在した。

ユダヤ・ルネサンス研究では、おそらくもっとも信頼できる研究者のひとりであるブレンナーによれば、「その代表者の多くが古典的な宗教テクストへの回帰やユダヤ文化の総合を要求した」(Brenner 1996, 100)。「総合」という表現からブーバーのユダヤ民族の「中途半端な生から全体的生への復活」という宣言が思い出されるが、そのような状況のなかでユダヤ教学におけるもっとも大きな変化は「ユダヤ教学の大衆化」(Brenner 1996, 101)である。

そのためには三つのアプローチと目的、すなわち「近代的翻訳を通して基本的なユダヤ教の原典に新たに接近すること」、「事典の編纂によってユダヤ教の総体を宣伝すること」、そして「数巻からなり、複数の著者による作品の計画を通してユダヤ教史の総合を確立すること」が要求された(Brenner 1996, 101)。さらにこの流れはユダヤ教学の大衆化・世俗化を一層推し進め、それはユダヤ教学アカデミー(Akademie für die Wissenschaft des Judentums)の創設という形で結実するのであった。

本章では、このアカデミーを主戦場にして戦われた学問と生をめぐる攻防、近代ユダヤ人の苦境を教育によって救済しようとするローゼンツヴァイクの試み、そして彼が設立した自由ユダヤ学院の活動を描いてみたい。

1　コーエンとローゼンツヴァイクの共同戦線

崇高な理念

ユダヤ教学アカデミーは、一九一九年に「再生したユダヤ教の学識を担う将来のセンター」(Brenner 1996, 101)として創設された。ローゼンツヴァイク、コーエン、そしてオイゲン・トイプラー(一八七九—一九五三)——ドイツのポーゼン出身の古代史家であり、ドイツ・ユダヤ人総合公文書館(Gesamtarchiv der deutschen Juden)、ユダヤ教学アカデミー、チューリッヒ大学、ハイデルベルク大学などで教えた。しかし、ナチスの台頭のために一九四一年、アメリカに亡命し、シンシナティのヘブライ・ユニオン・カレッジの教授に就いた——という三人のユダヤ人思想家が深く関わっていたが、そこでくり広げられた彼らの人間模様はいくぶん複雑な様相を呈していた。

一九一七年、ローゼンツヴァイクは戦地であるマケドニアからコーエンにアカデミーの創設理念となる公開書簡を送り、それが同年一二月に雑誌『新ユダヤ月刊誌』(Neue Jüdische Monatshefte)に掲載された。書簡には「いまがその時……(詩編一一九章一二六節)——目下のユダヤ人の教育問題に関する見解」という題が添えられていた。そして、翌年、このローゼンツヴァイクの手紙に感激を持って応答したのが、同じ雑誌に掲載されたコーエンの「ユダヤ教学アカデミーの創設に寄せて」であり、そのアカデミーの計画に言及したのがトイプラーによる一九一八年と一九年の講演「ユダヤ教学アカデミー――声明と計画」および「ユダヤ教学のための研究機関――組織と研究計画」である。ショーレムはローゼンツヴァイクの公開書簡がユダヤ人から大きな反響を呼び起こしたことを回想し、ローゼンツヴァイクが歩もうとしたのは「純粋な学問と一般ユダヤ人たちを教育する仕事のあいだを大胆に結合する道」(Scholem 1988, 23)だったと書いている。

またイスマール・エルボーゲン(一八七四―一九四三)――シルトベルク出身の歴史家・ユダヤ教神学者。フィレンツェのラビ養成学校やベルリンのユダヤ教学高等学院で教え、一九三八年、アメリカに亡命し、ニューヨークやシンシナティの学校で講義を行った――は、ローゼンツヴァイクにとって喫緊の課題は「ユダヤ人の運命とユダヤ人の将来という二つの問題、すなわちドイツにおけるユダヤ人の宗教的生活の強化という問題とユダヤ教学研究のための若手の確保」(Elbogen 1930, 49)であったと言う。ショーレムの回想も、エルボーゲンの証言も、アカデミーでは学者と教育者の仕事が分離せずに行われるべきだというローゼンツヴァイクの願いを表現したものである。

ローゼンツヴァイクはコーエンに対して「「現在の状況に基づいて」のみ……政策が実行されうる」(Rosenzweig 1917a(1984), 461)と書き、アカデミーの在り方からカリキュラム、そして運営資金の問題にまで言及している。キリスト教社会に同化したユダヤ人にとってユダヤ教は疎遠なものになってしまったが、彼によれば「われわれにとってユダヤ教は過去の力を越えており、現代の奇妙なものであり、そしてわれわれにとっては未来の目標である」(Rosenzweig 1917a(1984), 463)。そのユダヤ教を復興するためには、ユダヤ教学の研究のみならず、その内実が現在においても活きた宗教として一般ユダヤ人にも教育されるべきである。しかし「ラビの養成学校が、すぐに働けるようにと基礎知識を身につけさせた教師を卒業させるのでは不十分である」(Rosenzweig 1917a(1984), 476)。要するに、彼らが必要としていたのは「教師にして学者」(der Lehrer und der Gelehrte)であり、「両者は……同じ人物でなければならない」(Rosenzweig 1917a(1984), 476)。

それゆえ、アカデミーの目的は「学問研究の組織」に限られず、少なくとも一五〇人の「総合的かつ高度な教授団の精神的実質的な統合」のうちにある(Rosenzweig 1917a(1984), 476-477)。ローゼンツヴァイク曰く、「ユダヤ教の精神は、みずからの安住の地と育成の地を求めている。すべての段階、すべての形式においてユダヤ人の教育形成の問題(das jüdische Bildungsproblem)は、目下のユダヤ人の死活問題である」(Rosenzweig 1917a(1984), 480)。こうして戦場のローゼンツヴァイクに「行動すべき時が到来した」(Rosenzweig 1917a(1984), 480)。

共同戦線の崩壊

「論考「いまがその時」のなかで、聖なる熱烈な信仰を持って戦地の勤務から、きっとあらゆる文化世界のユダヤ人に受け入れられるようなドイツ・ユダヤ人への呼びかけをしたことが、若き歴史家にして哲学者フランツ・ローゼンツヴァイク博士の功績である」(Cohen 1918(1924), 213)と、コーエンは最大限の賛辞でローゼンツヴァイクの公開書簡に応えている。すでにマールブルク大学を辞め、ベルリンのユダヤ教学高等学院(Hochschule/Lehranstalt für die Wissenschaft des Judentums)で教鞭をとっていたコーエンは、アカデミーの計画を実現させるためにすぐに具体的な行動に出た。コーエンはみずからの周りに計画に協力してくれそうな友人や学者を集め小さなサークルを作ったが、その矢先に彼は不帰の人となる。一九一八年の四月であった。

とはいえ、コーエンの人望まで消えたわけではない。最初の小さなサークルはより大きな集団に発展し、多くの指導的なユダヤ人を加えながら、ユダヤ教学アカデミーを創設し、それを維持する志を持った人々の団体にまで発展したのである。そこにはレオ・ベック(一八七三―一九五六)、エルンスト・カッシーラー(一八七四―一九四五)、アルベルト・アインシュタイン(一八七九―一九五五)、オイゲン・トイプラーといった学者たちが名を連ね、一九一九年五月二五日、ユダヤ教学アカデミーは活動を開始したのであった(Myers 1992, 116)。

こうして見ると、コーエンの死を除けば、アカデミーの創設はとくに大きな問題もなく実現されたかのように思える。しかし、現実はまったく違っていた。第一次世界大戦で敗戦を迎えたドイツは、政治的にも経済的にも苦境に立たされていた。アカデミーも、そのなかで船出せざるをえなかったのである。しかし、それとは別に少なくともローゼンツヴァイクにとって深刻な問題だったのは、コーエンとのアカデミーの理念をめぐる共同戦線が他のメンバーたちの横やりによって変容を被ってしまったことである。アカデミーはローゼンツヴァイクの理念とはかけ離れ、複雑な意見対立のなかで専門的な学問の場になってしまった。その際、アカデミーの最初の指導者となるトイプラーの影響力は無視できないほど大きいものとなっていた。

2　跳躍板なき跳躍？

トイプラーの計画

アカデミズムの道を着実に歩んできたトイプラーにとって、ローゼンツヴァイクの理念はどこか素人臭いものに見えたはずである。まさにローゼンツヴァイクとトイプラーの人生は、まったく逆方向の道を進んでいたと言えよう。ローゼンツヴァイクは、歴史家マイネッケのもとでヘーゲル論を博士論文として仕上げ、アカデミズムの世界で生きる道を選んだかに思えたが、突如としてユダヤ教に回帰し、マイネッケの指導を振り払うかのように在野の哲学者になって『救済の星』を書いた。これに対して、トイプラーはベルリン大学でテオドール・モムゼン（一八一七―一九〇三）やヴィルヘルム・ディルタイ（一八三三―一九一一）の指導を受け、歴史学と古典の研究で研鑽をつみ、チューリッヒ大学、ハイデルベルク大学で講義をする地位にまでのぼりつめたのであった。

トイプラーは、一九一九年二月二三日にある重要な会合でアカデミーの計画に関する講演を行う。先に述べたように、そこで語られた内容はローゼンツヴァイクの理念とはほど遠いものであった。

トイプラーによれば、「アカデミーはユダヤ教の研究をその歴史的、文献的、宗教的、哲学的、そして言語的な表現形式において促進する課題を担っている」(Taeubler 1920 (1977), 32)。「アカデミーはその特殊な課題のためにアカデミーの計画、方針、そして方法を恒常的に担う者を必要とする。すなわち、アカデミーは……研究機関を必要としている」(Taeubler 1920 (1977), 32)。また「研究機関の共同研究員の構成は、学問の通常の区分にしたがわなければならない」(Taeubler 1920 (1977), 33)。

こうして分離した諸学問はひとつの全体を目指すわけだが、「この全体の統一性はその方法論的土台を文献学を通じて受け取る」(Taeubler 1920 (1977), 33)。この場合、「文献学とはテクストの形態、解釈、そして文献史的体系論という三つの統一性のなかで効果を発揮する。文献学的訓練と文献学的仕事は特殊な諸学科の共通の基礎づけである」(Taeubler 1920 (1977), 33)。そして、トイプラーによればアカデミーは九つのセクションに分けられ、その重要な課題として「ビブリオテカ・ユダイカ」(Bibliotheca Judaica)の出版計画まで語られた。ショーレムもまた、ユダヤ教学アカデミーを「純粋な研究の場の設立」とみなし、「ここでは信仰に篤い者もそうでない者も、また無神論者でも、ともかくユダヤ教の認識が重要となれば、誰にも妨げられずに肩を並べて研究にいそしむことができた」と回顧している(Scholem 1977, 189／一六六)。

これ以上の議論は必要ないだろう。トイプラーの計画は当初のローゼンツヴァイクの理念とはまったく異なるものであり、教育を通して学問と生を結びつけようとしたローゼンツヴァイクの目的はここでは見る影もない。ローゼンツヴァイクはアカデミーに自分の計画を託すことなく、一九二〇年一〇月にフランクフルトに自由ユダヤ学院(das freie jüdische Lehrhaus)を創設し、みずからの計画をもう一度実現しようとするのであった。

批判と称賛

それでは、ローゼンツヴァイクとトイプラーの関係はどうなったのだろうか。この二人の関係は、いささか理解しがたいものになっていた。たとえば、エルボーゲンは次のように証言している。「一九一九年の春、ローゼンツヴァイクはブラトの家で新しい計画を知るに至り、彼によってあれほど偉大で理想的に考えられたアカデミーが、三人の若い学者によって縮小されてしまったことに対してあからさまに絶望し抵抗したときの場面を、わたしは今日でもまだありありと思い浮かべる」(Elbogen 1930, 50)。

ローゼンツヴァイクの落胆は計り知れないように見える。しかし、これとは微妙に異なる意見も、一九一九年六月の手紙のなかに見出すことができる。ローゼンツヴァイクは友人にこう書いている。「わたしにとって本当のものが、いまやどうにかしてアカデミーからやってくることを期待しています。よくよく考えてみれば、ばかげています。跳躍板なしで跳躍を試みようと、わたしが自分で築いたこの跳躍板をわきに押しやってしまうなんて」(Rosenzweig 1979b, 633-634: Franz Rosenzweig an Gertrud Oppenheim, 8. 6. 1919)。

そして、ほぼ同時期にローゼンツヴァイクからトイプラーに送られた、これまで未公開だった書簡を読むと、エルボーゲンの証言とはまったく正反対の内容が書かれていることがわかる。ローゼンツヴァイクはトイプラーの講演を「大変素晴らしく、あなたが描いている詳細なイメージにおいて想像力で圧倒していました」(Hoffmann 1993, 29: Franz Rosenzweig an Eugen Täubler, ca. 6. 1919)と評価し、トイプラーの計画を絶賛している。この内容の食い違いをどのように理解すべきだろうか。アカデミーは跳躍板なき跳躍をする羽目になったのか。それともローゼンツヴァイクは、トイプラーとの妥協点を探り、跳躍板への少々の傷など見て見ぬふりをしたのだろうか。

明確な答えを出すことは難しいが、結果的にローゼンツヴァイクはトイプラーが指導するアカデミーの活動にはかなり限定的に関わりながら、一般ユダヤ人の教育を媒介にして学問と生の結びつきをどこまでも求めていったのである。たとえそこが大学や研究所というアカデミズムの世界でなかったとしても、ローゼンツヴァイクは活動をやめることはなかった。

暗い衝動

彼の消息は、翌年、一九二〇年に書かれた師マイネッケへの手紙のなかでも明確に告げられている。すなわち、ローゼンツヴァイクにとって従来の学問は、自己にのみ奉仕するものであり、彼が当初学んでいた歴史学はあまりに細部や客観的な叙述に拘泥し、人間の生をとらえることができないと考えられた。彼は専門的な歴史家であることを放棄し、さらには当時の学問そのものに対しても厳しい批判を向けることになる。

わたしは、（完全に大学教授の資格を得ることのできる）ひとりの歴史家から（完全に大学教授の資格を得ることのできない）ひとりの哲学者になりました。……しかし、本質的なことは、わたしにとって学問がもはやまったく中心的な意味を持っていないということであり、それ以来、わたしの生は「暗い衝動」によって規定されているということです。わたしはその暗い衝動に「わがユダヤ教」というたったひとつの名前しか最終的には与えることができないことをはっきり意識しています。あらゆる過程の学問的な側面、つまり歴史家が哲学者に変わったということは、結果にすぎないのです。しかし、この結果は「わたしが見た亡霊は悪魔ではなかった」という幾度も歓迎すべき証明書を、わたし自身にもたらしたのです（Rosenzweig 1979b, 680: Franz Rosenzweig an Friedrich Meinecke, 30. 8. 1920）。

この手紙ではローゼンツヴァイクの生が、「わがユダヤ教」という「暗い衝動」によって突き動かされていることが語られている。彼は将来を約束されたアカデミズムの歴史家に見切りをつけ、すでに述べたように本来であればユダヤ教学アカデミーで実現されるはずだった理念を具体化するためにフランクフルトに自由ユダヤ学院を創設した。こうして跳躍板としての理念はアカデミーとは別の場所に移され、最終的にローゼンツヴァイクの跳躍は一九二一年の大著『救済の星』へと結実するのであった。

その後、ユダヤ教学アカデミーと自由ユダヤ学院はユダヤ教の復興という目的は同じでありながらも、独立して活動することになる。しかし、ローゼンツヴァイクは最後までトイプラーを慕っていたことも書簡からわかるが（Hoffmann 1993, 30–32）、ローゼンツヴァイクの跳躍は彼の体を蝕んでいた病の前では無力であった。一九二九年、ローゼンツヴァイクにあまりに早い死が訪れたのである。

3　悲しみと対立――ローゼンツヴァイクの死

グットマンとユダヤ教学アカデミー

闘病生活を送りながらもブーバーとともにヘブライ語聖書をドイツ語に翻訳していたローゼンツヴァイクの死は、ドイツのユダヤ知識人たちに大きな動揺を引き起こした。いくつもの追悼文が書かれたが、実はそこではユダヤ教学アカデミーの理念をめぐって代理戦争が行われていたのである。そのとき、ローゼンツヴァイクの立場を引き受けたのがシュトラウスであった。一九二二年、トイプラーはチューリッヒ大学の教授になるためにアカデミーを去ってしまうが、その後アカデミーの指導者の地位に就いたのがグットマンである。

一九二五年、シュトラウスは前年に書いたコーエン論をグットマンに評価され、アカデミーの研究員に任命される。そこで彼はスピノザ論を執筆し、『モーゼス・メンデルスゾーン著作集』の計画に深く携わり、アカデミーの特筆すべき学問業績に貢献することになる。しかし、気になるのは若きシュトラウスの才能を見抜いたグットマンは、アカデミーの在り方をどのように考えていたかということである。

Ｆ・バンベルガーによれば、トイプラーの後を引き継いだグットマンのもとでさらにアカデミーの路線転換は明確になった(Bamberger 1960, 14-15)。グットマンはアカデミーの指導者になって間もなく、機関紙で次のように書いている。

学問はそれ自体の法則に完全に適っている場合にのみ、ユダヤ人の生の全体のうちで与えられている機能を果たすことができる。しかし、学問の道は個別的なものや特殊なものを越えたところに通じている。活ける学問が死せる博識から区別されるのは、個別の研究もまた普遍的かつ根本的な観点から規定され、統一的かつ方法的目的へ向けられている場合に限ってである。……それゆえ、［ユダヤ教学と］ユダヤ人の生への関心との結びつきは、当然のことながらつねに同等の直接性と近さを有しているわけではない。ユダヤ人の生のあらゆる現象形態、ユダヤ人の歴史のあらゆる時代、そしてユダヤ人の文献のあらゆる領域は、それらとユダヤ人が抱く現在的関心の関係が近かろうが遠かろうが、そんなこととは関わりなくユダヤ教学の内部に正当な場所を持っている(Guttmann 1924, 46)。

グットマンにとって学問とは人間の生との直接的な関係よりも、学問それ自体のなかにある法則や普遍性との関連において、その真価を発揮するものであった。バンベルガーは、ここに学問と生の安易な同盟を厳しく批判するマックス・ヴェーバー（一八六四—一九二〇）とグットマンの親近性を見る。これに関連して、次のようなエピソードがある。ヘブライ大学のある教授がグットマンにヴェーバーの影響について聞いたとき、自分はヴェーバーに同意するが、彼のうちに自分の意見に対する支持を見つけたにすぎないと語ったと言う（Bamberger 1960, 15）。

教師シュトラウス

このような議論を踏まえると、後にヴェーバー批判を展開するシュトラウスの目に、グットマンの学問的態度がどのように映ったかというのは興味深い問題である。とはいえ、アカデミーにおいてグットマンはシュトラウスの上司であり、あからさまな批判は難しかったと推測される。そのひとつの証左として、E・R・シェパードが書いているように、シュトラウスは一九二八年に『スピノザの宗教批判』の草稿を完成させていたにもかかわらず、グットマンが修正を要求したため、出版は一九三〇年まで待たなければならなかった。すなわち、「検閲の条件下」にあったシュトラウスはスピノザ論を思うように書けなかったのである（Sheppard 2006, 33-34）。

しかし、このような状況にあってもシュトラウスは、アカデミーのなかでローゼンツヴァイクの理念を引き継ぐような活動をしている。アカデミーの機関紙を見ると、シュトラウスはローゼンツヴァイクの理念を実現するかのように、単に学者としてだけでなく教育者としても活動し、ユダヤ人の共同体で講演や講義をしていることがわかる。機関紙にはグットマンの筆によって次のような短い報告が載せられている。「ローゼンツヴァイク財団の創設時に課された責任に応じて、われわれはレオ・シュトラウス博士を七ヶ月のあいだカッセルへ派遣した。そこで彼は、ユダヤ教学の領域での講演と講義を行った」(Guttmann 1925, 44)。

カッセルは、ローゼンツヴァイクの故郷である。取るに足らないエピソードかもしれないが……——実は本章の土台となる論文(佐藤 二〇一一a、一六二)ではこのように書いていたが、本書を執筆するときには、新しい史料が見つかっていた。そこに付された解説論文によれば、シュトラウスは、一九二五年二月一五日からカッセルに派遣されたようである。しかもシュトラウスは、「カッセルで教えるという指示を果たしたアカデミーの唯一の研究員」(Meyer/Zank 2012, 110)であった。それを実行した理由は、やはりローゼンツヴァイクとの深い関係にあった。おそらくローゼンツヴァイクは「教師としてのシュトラウスの才能を認め、彼にはじめて授業の機会を与えた最初の人」(Meyer/Zank 2012, 110)だった。

また一九二五年二月一九日にシュトラウスは、その地域の新聞にみずからが担当するコースの概要を載せている。その内容を見ると、シュトラウスがヘブライ語で聖書を講読しており、それは後に述べるように、成人ユダヤ人に対するローゼンツヴァイクの教育理念と一致していた。たとえば、

「初級者向けのヘブライ語」では「士師記」や「列王記」を読み、「中級者向けのヘブライ語」では「アモス書」を読んでいる(Meyer/Zank 2012, 116)。

また、ひとつの「研究チーム」を作るセミナー形式の講義は「モーゼス・メンデルスゾーン以来のドイツ・ユダヤ教」と題され、対象は「問題史的に」議論されるとある。さらに考察の対象となるのは、「一九世紀のドイツ・ユダヤ教の解釈にしたがったユダヤ性とギリシア性の関係」「ドイツ・ユダヤ教のスピノザ像」「ユダヤ教とドイツ国家」「啓示と学問[科学]」といった、まるで本書の目次のような主題が並んでいることも興味深い(Meyer/Zank 2012, 117)。

先に取るに足らないエピソードかもしれないと述べたが、これは若きシュトラウス、そして若きユダヤ知識人の関心を示している史料とも言え、簡単に通り過ぎるには惜しいものである。さらにこの内容を、次に検討するローゼンツヴァイクの死に際して書かれたシュトラウスの追悼文と合わせて読むと、ローゼンツヴァイクに対する彼の思いを窺い知ることもできるだろう。

シュトラウスの代理戦争

一九二九年、ローゼンツヴァイクがこの世を去ってしまう。グットマンもまた、彼の死を惜しんだユダヤ人のひとりであった。グットマンは深い悲しみの言葉を綴りながら、ローゼンツヴァイクの偉大さを称えているが、そこにはどこかアカデミーの路線変更をめぐる確執が影を落としているように感じられる。グットマンはローゼンツヴァイクの「思想は彼の存在のもっとも奥深くにある衝動から生じ、彼の創造的人格の刻印はつねにその作品に押されている」(Guttmann 1929, 1)と述べ、ローゼンツヴァイクは「宗教的人間の熱狂」とともに「ユダヤ教の宗教的で根源的な力」にとらえられたと言う(Guttmann 1929, 2)。

しかし、ローゼンツヴァイクは「現在、流行している非合理主義」(Guttmann 1929, 2)に向かうことはなかった。彼のうちでは「ユダヤ教の哲学的究明」と「ユダヤ教の歴史的研究」が結びついており、そこにローゼンツヴァイクはアカデミーの学問的課題を見たのであった(Guttmann 1929, 2)。ローゼンツヴァイクがユダヤ人の教育形成の問題を重要視していたことにもふれられ、そのためにはアカデミーのような学問機関が必要だったと書かれている。そして、グットマンはローゼンツヴァイクの理念を次のように要約するのであった。

ローゼンツヴァイクは、アカデミーがその学問的課題とともに宗教的・教育的課題も引き受け、同時にその学問的課題の担い手のうちにドイツの会衆のための宗教的教育者を立てるべきだという意味で、アカデミーを彼の教育計画の中心と考えていた(Guttmann 1929, 3)。

しかし、追悼文の最後でグットマンは次のことも認めざるをえなかった。「アカデミーは、彼の計画のほんの一部しか実現しなかった」(Guttmann 1929, 3)ことを。「学問的課題」と「宗教的・教育的課題」の両方を「アカデミーは引き受けられなかった」と、グットマンは告白している(Guttmann 1929, 3)。どちらの課題が捨て去られてしまったかは彼にとっても明白であった。アカデミーは「純粋に学問的な機関」(Guttmann 1929, 3)として建てられてしまったのであり、グットマンの追悼文はどこか後ろめたさと寂しさを感じさせる。

よき学者にしてよき教師

同年、シュトラウスもローゼンツヴァイクに対する短い追悼文を著すが、グットマンのような弁明めいた言葉はまったく見当たらない。彼は、はっきりと「フランツ・ローゼンツヴァイクはアカデミーの創設者(der *Gründer*)である」(Strauss 1929(1997), 363)と書いている。さらに続けて、彼は「フランツ・ローゼンツヴァイクの理念は、彼の明白な意図にしたがえば政治的に(*politisch*)考えられている」(Strauss 1929(1997), 363)と言う。ローゼンツヴァイクが主張した研究と教育の両立は、要するに学問と生の結合である。トイプラーやグットマンが最終的に学問の優位を選び取るなかで、ローゼンツヴァイクは青年たちのように生の高揚や体験を称揚するのではなく、わずかに垣間見える学問と教育による近代ユダヤ人の生の再生の道を進んでいた。

また、彼がシオニズムによるユダヤ教の復興を望まなかったことを考えれば、アカデミーの理念は彼なりの政治行為だったのかもしれない。いや、アカデミーは失敗に終わったが、彼がフランクフルトにみずからの学院を創設したことはローゼンツヴァイクの政治行為と考えられるべきであり、シュトラウスもまたそのように受け取ったのではないだろうか。なぜなら、シュトラウスはこうも書いているからである。「ユダヤ人としてのわれわれの存在に対する責任を、彼はわれわれが忘れるはずのない強烈さとともに、あらゆるユダヤ教学の規範であると主張した」(Strauss 1929 (1997), 363)。ユダヤ教学にはユダヤ人の生に対して責任がある。ローゼンツヴァイクにとって近代ユダヤ人のユダヤ教への覚醒は、パレスチナではなくドイツではじまる。しかし、そのためには学者だけでなく、よき教師を必要としたのである。この問題はローゼンツヴァイクとシュトラウスの思想理解にとって重要な問題を提起しているので、後でもう一度議論しよう。

　またシュトラウスは、「フランツ・ローゼンツヴァイクは、かかる学問に尽力するすべての人にとって、つねにその本来の課題を想起させる者(*Mahner*)であり続けるだろう」(Strauss 1929 (1997), 363)と宣言する。「想起させる者」は同時に警告者でもある。ときに損な役回りも担わなければならない警告者を、ローゼンツヴァイクはあえて演じた。これもまたローゼンツヴァイクの政治行為だったと言えるし、シュトラウスは本来のアカデミーの理念を裏切ったトイプラーやグットマンに対する警告者を、ローゼンツヴァイクに代わって引き受けたのかもしれない。

　ローゼンツヴァイクの死によって呼び起こされた悲しみは、そのなかに回避できない対立を含んでいたのである。一九三〇年、シュトラウスの『スピノザの宗教批判』が出版され、そこには「フランツ・ローゼンツヴァイクの思い出に」(Dem Gedächtnis Franz Rosenzweigs)という言葉が添えられていた。この献辞のうちに、シュトラウスの「純粋に政治的なシオニズムから決定的に神学的な方向への移動」(Green 1991, 49)を見る者もいる。そして、シュトラウスはその五年後に上梓した書物『哲学と法』において、かつての上司グットマンに痛烈な批判を浴びせるのであった。ただ公平を期して言えば、シュトラウスは第二次世界大戦後、ヘブライ大学のショーレムからグットマンの容体が思わしくないことを伝えられると、すぐにその返信でグットマンの体調を気づかっている（Strauss 2001, 721: Gershom Scholem an Leo Strauss, 27. 4. 1950; Leo Strauss an Gershom Scholem, 10. 5. 1950）。悲しみのなかでの両者の対立は、学問的次元と人格的次元では分けられるべきかもしれない。

4　自由ユダヤ学院の創設

ユダヤ教という茶番

ユダヤ教学アカデミーと袂を分かったローゼンツヴァイクは、一九二〇年一〇月にフランクフルトに自由ユダヤ学院を創設するが、その年に書かれたテクストのなかで「……苦境が必要としているのは行為である」（Rosenzweig 1920a（1984）, 491）と書いている。またローゼンツヴァイクが描くヴァイマールに生きるドイツ・ユダヤ人の苦境を、カフカは父親への手紙というスタイルで表現している。このテクストが書かれたのは一九一九年一一月、まさにローゼンツヴァイクの教育構想がさまざまな仕方で展開されていたときである。カフカは言っている。

ユダヤ教信仰にも、ぼくはあなたから逃れうるような救いを見出せませんでした。もともと救いが考えられるとすればここをおいてなく、それどころか、父上とぼくがこのユダヤ教信仰においておたがいに相手を発見し、あるいはそこから共に手をたずさえて出発することも考えられたはずです。だが、父上から押付けられたユダヤ教信仰は、なんと奇妙なものであったことでしょう！（カフカ　一九八一、一五〇）。

父親のユダヤ教信仰に疑問を持ち、それを「茶番」（カフカ　一九八一、一五〇）と呼ぶカフカの姿は、同時代の若きユダヤ人の鏡像であったと考えてよいだろう。

たしかにローゼンツヴァイクは、失われたユダヤ教の宝を発掘しようとしている。しかし、彼の自由ユダヤ学院は単なる復古運動ではないことも強調されなければならない。自由ユダヤ学院は、復古的であると同時に革新的な運動であった。ブレンナーによれば、古典的なユダヤ教のテクストや伝統をドイツ・ユダヤ人に接近可能なものにしたという意味では復古的であり、これに対して「伝達の手段と受容の条件」が前近代的なユダヤ人の環境とはかなり異なっているという意味では革新的であった（Brenner 1996, 70）。

自由ユダヤ学院の萌芽

簡単にローゼンツヴァイクの学院構想の足跡を追ってみよう。一九二〇年、ベルリンやブレスラウにすでに成人ユダヤ人の教育機関が創設されていた。それについてローゼンツヴァイクは、手紙のなかで次のような感想を漏らしている。

> わたしはベルリンに滞在しているあいだ、そこでのユダヤ成人学校(jüdische Volkshochschule)について少し聞いて回り、ベルリンのシステムだけでは上手くいかないということを考慮すれば、そこでの関心の弱まりについて語られたことで、わたしは本当に力づけられました。……大学の課題は知を広め、自立的思考を目指して慣れさせることです。これに対して、われわれの「成人学校」の課題はとくに無知をより少なくし、無関心から離して遠ざけることでなければなりません(Rosenzweig 1979b, 668–669: Franz Rosenzweig an Eugen Mayer, 12. 3. 1920)。

近代ユダヤ人は無知と無関心に囚われているのであり、まずは彼らがそこからいかにして解放されるかという問題が議論されなければならない。近代ユダヤ人が最初に成し遂げるべき課題は、何かに向かうことではなく、何かから解放されることだったのかもしれない。

ただ、このような考えがローゼンツヴァイクに浮かぶ一年前の一九一九年、彼の周りでもさまざまな動きがあったことも忘れてはならない。たとえば、彼はハンブルクのユダヤ人学校に副校長として招かれるという計画があり、彼自身もそれを受け入れる気があったらしい。しかし、フランクフルトからも彼に対して関心が寄せられ、一九一九年の秋、彼はフランクフルトの正統派ラビであったネへミアス・アントン・ノーベル(一八七一―一九二二)のもとを訪れた。当初、ノーベルは縁談話を持ち掛けようとしていたらしいが、結果的にローゼンツヴァイクは縁談話ではなく、新しい成人ユダヤ人教育の仕事の約束を引き受け、その場を立ち去ったという(Brenner 1996, 73)。

またどのような状況であったかははっきりしないが、リベラルなラビであったゲオルク・ザルツベルガーによって創設されたフランクフルトのユダヤ民族教育協会は、一九二〇年八月に彼を自由ユダヤ学院の指導者に任命したのである(Kern-Ulmer 1990, 204-205)。ノーベルと協会のあいだに深い関係があったことは想像に難くない。ユダヤ民族教育協会は、自由ユダヤ学院の母体として機能していたと言ってもよいだろう。これらの事実を踏まえれば、いくら断片化されていたとしても、フランクフルトのユダヤ人共同体がなければローゼンツヴァイクの試みも実現しなかったはずである。ローゼンツヴァイクの教育理念が次々に人々を動かしていったところに、彼の強い影響力と魅力を感じ取ることができよう。次に自由ユダヤ学院の実態、そしてローゼンツヴァイクによる自由ユダヤ学院での開校講演や他のテクストにも光を当てながら、ローゼンツヴァイクの教育理念について、もう少し詳しく明らかにしてみよう。

学びの家

一九二〇年一〇月一七日、自由ユダヤ学院は開校されたが、その名称はどこからきているのだろうか。複数の研究者によって言及されているように、それはヘブライ語の「ベイト・ハ・ミドラッシュ」に由来すると言う。この「学びの家」を意味する言葉は、本書で学院と訳している Lehrhaus に相当する部分である。また、彼の学院には「自由」という言葉も付されている。それは誰でも自由に試験もなく参加し、特定の場所に常設されることもなく、自由な精神のなかで議論できることを示しており、世俗化し、ユダヤの知を忘却したユダヤ人が学びなおす近代化されたベイト・ハ・ミドラッシュであった。

たしかにローゼンツヴァイクは古代世界にみずからの学院の理念を求めたかもしれないが、それは単なる復興ではなかった。近代世界のなかでは近代世界にふさわしい仕方でユダヤ人教育をしなければならない。また古代世界のユダヤ人であれば、ユダヤ教の基礎知識や習慣が共有され、宗教的にも敬虔なユダヤ人に対して教育することが自明の前提であったはずである。しかし、ヴァイマールのユダヤ人にそれを求めることは不可能であった。ユダヤ教の前提をまったく共有せず、また関心すら抱かないユダヤ人に、ローゼンツヴァイクは教育を受けさせ、彼らのユダヤ・アイデンティティを回復しようとしたのである。だからこそ、先に引用した手紙にあったように、「われわれの「成人学校」の課題はとくに無知をより少なくし、無関心から離して遠ざけること」であり、まずそれを実行しなければならなかったのである。

自由ユダヤ学院では、五〇〇人以上のユダヤ人の講義登録者がいて、彼らに対して多様な講義が提供されていたことがわかる。「古典ユダヤ教」（トーラーと預言者たち）、「歴史的ユダヤ教」（ハラハーとハガダー）、「近代ユダヤ教」（ユダヤ運動とユダヤ人の類型）、「聖書時代における近東の芸術」、「異教的古代、キリスト教、ユダヤ教における神秘主義」、「ヘブライ語」などの講義が開講された(Glatzer 1978, 257)。また教壇に立った者を調べてみると、それはヴァイマール・ドイツのユダヤ人名辞典のごとき様相を呈していることがわかる——ネヘミアス・アントン・ノーベル、化学者エードゥアルト・シュトラウス(一八七六―一九五二)、医師・医学史家リヒャルト・コッホ(一八八二―一九四九)、社会学者フランツ・オッペンハイマー(一八六四―一九四三)、ジャーナリスト・映画学者ジークフリート・クラカウアー(一八八九―一九六六)、ヘブライ語作家シェムエール・ヨーセフ・アグノン(一八八八―一九七〇)、教育学者エルンスト・ジーモン(一八九九―一九八八)、宗教哲学者マルティン・ブーバー、ユダヤ学者ゲルショム・ショーレム、精神分析学者エーリヒ・フロム(一九〇〇―一九八〇)、後の政治哲学者レオ・シュトラウスなどが顔を並べ、さまざまな講義を担当していた。

フロムの伝記を読むと、「ユダヤ教とフロム自身との生涯にわたる非正統的な関係」(ナップ 一九九四、三二)は、かなりの程度ローゼンツヴァイクに負うものだとも書かれている。そこでフロムはレオ・レーヴェンタール(一九〇〇―一九九三)との出会いを通じて、フランクフルト社会研究所のサークルに出入りすることになる。いわゆるフランクフルト学派のメンバーのなかでフロムとレーヴェンタールだけが「一貫してユダヤ教に対する彼らの初期の忠誠」(ナップ 一九九四、三三)を示しており、そこにはローゼンツヴァイクの影響があることを忘れてはいけない。

またショーレムの自伝を繙くと、ローゼンツヴァイクが病気で活動できなくなった後の自由ユダヤ学院の状況が、エードゥアルト・シュトラウスの講義を引き合いに出しながら描かれている。ショーレムによれば、彼の聖書の時間は「キリスト教のセクト用語にならって名づけることが許されるなら、霊的な解釈だった。……聴講者は、まるで魔園に呪縛されてしまったようであった」(Scholem 1977, 195／一七一)。キリスト教の信仰復興運動のようなシュトラウスの講義を、ショーレム自身は快く思っていなかったようである。

〈新しい思考〉としての〈新しい学び〉

ローゼンツヴァイクは、自由ユダヤ学院の開校に合わせて講演をしており、その草稿には「新しい学び」というタイトルが付けられている。彼によれば、「新しい学び」はすでに生まれており、それは「反対方向における学び」である(Rosenzweig 1920b(1984), 507)。

> 学びはもはやトーラーから生のなかへ入っていくのではなく、反対に生から、律法について何も知らないか、あるいはみずから何も知らなくさせている世界から、トーラーへ戻っていく。これが時代の徴である(Rosenzweig 1920b(1984), 507)。

ローゼンツヴァイクの『救済の星』が、「生へ」(Ins Leben)(Rosenzweig 1921(1976), 472／六七一)という言葉で締めくくられていることはよく知られている。またこれに呼応するように、論文「新しい思考」では次のように書かれている。「ここで書物は閉じられる。というのも、いまなお到来するものは、すでに書物の彼方にあり、書物からもはや書物ならざるもの（Nichtmehrbuch）に向かう「門」だからである」（Rosenzweig 1925b（1984）, 160／二〇二）。ローゼンツヴァイクは、『救済の星』の読者がそれを読み終えた後にみずからの生、すなわち「もはや書物ならざるもの」へ向かうことを彼らに要求している。『救済の星』と論文「新しい思考」は合わせて読まれなければならないが、同時にこのテクスト群は彼の教育論と突き合わせながら理解されるべきだろう。〈新しい思考〉と〈新しい学び〉は、表裏一体の関係を築いていることがわかる。

このことを踏まえるならば、ローゼンツヴァイクは書物を閉じて生に向かったユダヤ人読者を、今度はトーラーなどのユダヤ教の古典文献に帰還させようとしていると言える。書物を潜り抜け、生に向かい、そしてふたたび書物に復帰すること――このような往還運動が、ローゼンツヴァイクの〈新しい思考〉の大きな枠組みを形成しているならば、自由ユダヤ学院は生と書物のあいだを媒介する重要な教育機関として建てられたと考えることができる。『救済の星』の内容は、当時並行して進められていた彼の教育理念を抜きにしてはうまく理解できないのではないか。

対話的教育論と多元性

またローゼンツヴァイクは、自由ユダヤ学院における会話の必要性を強調している。

学生たちがいる同じ談話室と同じ談話の時間のなかに、教師たちもまた発見されるだろう。そしておそらく、同等の者が同じ談話の時間に師として、そして学生として認識される。……訪れる者は、談話室のなかでみずから待っている。彼は、ともに話す瞬間が彼のために到来するまで待っている。談話の時間は会話になる（Rosenzweig 1920b（1984）, 502）。

教師と学生は議論を通じて同じ水準で教育し合わなければならないと述べられており、これは次のタルムードの議論とも共鳴している。「わたしはわたしの恩師たちからトーラーについて多くのことを学んだ。そして、それ以上にわたしの仲間たちから、多くを学んだ。そして、わたしの弟子たちから、他のだれよりも多くのことを学んだ」（『タルムード――マッコート篇』一九九六、六七―六八）。

また引用の後半では、待つことがやがて会話を誘発することにつながる点が強調されている。この内容は、論文「新しい思考」のなかでは彼の独特の時間論として展開されている。知らせは時が来ればやってくるのであり、これは〈新しい思考〉の基本的な時間論と他者論を示している。語るためには時間と他者が必要である。人間の対話においては何も先取りすることができず、対話の瞬間が到来するのを待たなければならない。ローゼンツヴァイクによれば、モノローグである古い思考とは異なり、〈新しい思考〉としての「文法的思考」は他者と時間を真剣に受け取りながら、「誰かに対して語ること、そして誰かのために思考することを意味する」（Rosenzweig 1925b（1984）, 151-152／一九二〇）。

さらに真理は神の前ではひとつだが、この不完全な世界では分裂したままである。教育における会話も同じである。問いが問いを呼び、「質問者の合唱を指揮する者」(Rosenzweig 1925a(1984), 516)である教師と学生がつねに入れ替わる自由ユダヤ学院においてもまた、真理をめぐる議論は分裂していたのかもしれない。しかし、ローゼンツヴァイクはその状況を喜んで受け入れるのであり、この考え方こそ彼の「メシア的認識論」(Rosenzweig 1925b(1984), 159/二〇〇)を具体化したものである。ローゼンツヴァイクの〈新しい思考〉は、フェルディナント・エープナー(一八八二―一九三一)やブーバーと並んで「対話的思考」(Casper 2002)の先駆者として位置づけられることがあるが、このような彼の教育理念を理解するならば、論文「新しい思考」はローゼンツヴァイクの〈教育的対話論〉としても読むことができる。

　文芸批評家のジョージ・スタイナー(一九二九―)は、神とユダヤ人の関係は「師弟関係」に近いものであり、それは「神を崇めては反抗し、神に服従しては抵抗し、そしてとりわけ問いかけてやまないというユダヤ民族の特性をもたらした」(スタイナー 二〇一一、二一九)と書いている。「ユダヤ人は絶えず「吟味され試されている」」(スタイナー 二〇一一、二一九)とも、彼は述べている。神とユダヤ人の関係が「師弟関係」をあらわしているのであれば、その生き方は学び、すなわち「生きているかぎり続く生涯学習」(スタイナー 二〇一一、二一九)である。自由ユダヤ学院においても学びと対話の精神が息づいており、ローゼンツヴァイクの「対話的思考」は同時に〈教育的対話〉の思想である。

先にこの世界における真理の分裂について述べたが、さまざまなユダヤ人が集まった自由ユダヤ学院において、人々は周縁から来ているとローゼンツヴァイクは述べている。そして、こう続けるのであった。

中心の統一性は、われわれが明るくはっきりと口に出して所有できるものでは何ひとつない。……われわれは統一性を探求し、それを見つけることを頼りにしなければならない。周縁から見れば、中心は統一性としてではなく、円の各点としてあらわれ、中心点は別の側面を向けているように見える。外部から内部に向かって多くの道が通じている。だからと言っても、内部はひとつの、統一的な内部にとどまっている。結局のところ、ここでは各人が同じことについて語らなければならないだろう。……はじまりだけが、結末だけが、各人にとって異なるものなのであろう（Rosenzweig 1920b（1984）, 508-509）。

分断された近代ユダヤ人にとって中心に近づくための道は複数ある。しかし、その中心についてお互いに語り合っても、みずからの生に対する結末は多様なかたちをとりながら生まれてくる。失われたユダヤの生活を取り戻し、中心を形成しようとしながらも、はじまりと結末の多様性を認めるところに、多元化された近代世界のなかでユダヤ人を教育することの難しさが示されているだろう。

5　もうひとつのフランクフルト学派、あるいはローゼンツヴァイク学派

アドルノの嫌悪

ローゼンツヴァイクの自由ユダヤ学院がひとつの組織であることに間違いはないが、それは同じ志を持ち、目的を共有するひとつの〈学派〉を形成していたと言えるだろうか。言い換えれば、〈ローゼンツヴァイク学派〉は存在していたのかという問題である。

フランクフルトにおけるユダヤ人を中心とした研究者集団として、まず思いつくのはホルクハイマーとアドルノの活動に代表される批判理論の社会研究所、そしてそこに集まった思想家たちによって形成されたフランクフルト学派であろう。先に述べたように、フランクフルト学派のなかには自由ユダヤ学院にも関わっていたレーヴェンタールやフロムと言った思想家もその名を連ねていた。ただフランクフルト学派のメンバーのほとんどにとってユダヤ教は「締め終った帳簿」（ジェイ 一九七五、三九）であり、特殊ユダヤ的なテーマに大きな関心を示すことはなかった。彼らの課題はマルクス主義、精神分析、社会科学などの分野を通じてのラディカルな社会批判、あるいは「マルクス主義のレキシコンのなかで周知の言葉となったプラクシスと理論の関係」（ジェイ 一九七五、二）だったのである。

フランクフルト学派と自由ユダヤ学院ではかなり異なる目的を果たそうとしていたと思われるが、たとえばアドルノなどは自由ユダヤ学院の活動に対してきわめて批判的な態度を取っていたことがわかる。彼の伝記を読むと、アドルノはレーヴェンタールとフロムのことを「職業ユダヤ人」と侮蔑し、ローゼンツヴァイクとブーバーを毛嫌いしていたと言う（ミュラー＝ドーム 二〇〇七、二九）。

学問理解の違いが彼らのあいだに大きな溝を作ったことは容易に想像でき、ローゼンツヴァイクの自由ユダヤ学院とフランクフルト学派のあいだには目的や組織においてかなりの齟齬もあった。それゆえ、社会研究所の活動を基準とすると、ローゼンツヴァイクの試みをもうひとつのフランクフルト学派と呼ぶことには慎重でなければならないだろう。

なぜ学派を作るのか

もうひとつ手がかりになるのが、レオ・シュトラウスの発言である。すでにふれたが、シュトラウスは「フランツ・ローゼンツヴァイクの理念は、彼の明白な意図にしたがえば政治的に（*politisch*）考えられている」（Strauss 1929(1997). 363）と書いていた。ローゼンツヴァイクにとって重要だったのはユダヤ教であり、その意味では「ユダヤ人としてのわれわれの存在に対する責任を、彼はわれわれが忘れるはずのない強烈さとともに、あらゆるユダヤ教学の規範であると主張した」（Strauss 1929(1997). 363）のである。ユダヤ人に対する責任、それをローゼンツヴァイクは「政治的に」成し遂げようとしたと、シュトラウスは指摘している。

こうなると、シュトラウスにとって何がローゼンツヴァイクにおける政治的なものだったのかという問題が浮上してくる。これについては明確な答えを求めることは難しいが、ひとつは彼の目にローゼンツヴァイクの自由ユダヤ学院が〈学派の創設〉として映った可能性があり、それはシュトラウスにとって政治行為だったと言えるのではないだろうか。

シュトラウスはアレクサンドル・コジェーヴ（一九〇二―一九六八）との議論のなかで、哲学者による学派の創設の意義について書いている。「……哲学者が哲学者であるためには友を必要としているのである。哲学をしているときの哲学者の役に立とうと思うなら、その友人たちも有能な人物でなければならない」（Strauss 2000, 194／（下）一一八）。シュトラウスは、哲学者には絶対的な孤独は不可能だと言う。哲学は「知恵の探求」であるがゆえに、哲学上の友人たちは「意見あるいは先入見」において一致しておかなければならない（Strauss 2000, 194／（下）一一九）。臆見や先入見にもさまざまなものがある以上、哲学者の集団も多様にならざるをえない。「つまり、知恵とは区別されるものとしての哲学は、必然的に哲学上の学派《スクール》や教派《セクツ》のかたちをとって現われる」（Strauss 2000, 194／（下）一一九）。

H・マイアーは、シュトラウスが学派を創設する意義について熟知していたと指摘している。「学派には、関連する教説を発展させたり、研究計画を遂行したり、また解釈の方法を仕上げたりするのに、明らかな利点がある」（マイアー　二〇一〇、vii）。またシュトラウスによれば、哲学者は市場へ出ていかなければならない。「政治的人間たちとの抗争は避けられない。そして、この抗争の原因や結果は言うに及ばず、その抗争それ自体が、政治的行動なのである」（Strauss 2000, 195／（下）一一九）。哲学者が学派を創設し、小さなサークルにとどまることなく、多くの人々と議論することは哲学者の運命であり、それ自体が政治的行動として理解されなければならないのである。

ユダヤ人に対する責任

ローゼンツヴァイクはたしかに、多くのユダヤ人思想家の協力を得ながら、彼の教育理念を具体化しようとした。また彼はみずからを哲学者として認識しながら、語り合う他者を必要とする〈新しい思考〉を、自由ユダヤ学院のなかで実現しようとした。しかし、それはシュトラウスが言うような学派と呼べる活動だったのだろうか。

「ユダヤ人としてのわれわれの存在に対する責任」を、ローゼンツヴァイクはきわめて強烈に認識していたはずである。自由ユダヤ学院を創設した事実も、シュトラウスの目から見れば教育と議論を中心にした学派の創設であり、ひとつの政治行為と言えるかもしれない。

とはいえ、ローゼンツヴァイクの自由ユダヤ学院はそのメンバーに確固たる教説を伝授し、拡大するという課題を負わせていたわけでもない。そうであるならば、自由ユダヤ学院はひとつの組織を形成してはいたが、緩やかな学派として、もっと言えば師と弟子の関係を堅持するものではなく、さまざまなユダヤ的生のあり方が集合し、ときが来ればそこから離れていく学びの集合体あるいは〈ユダヤ的知のネットワーク〉という意味を持っていたとも言える。ヴォルフガング・シヴェルブシユは自由ユダヤ学院において志を同じくする者は「教養あるディレッタント」として出会っているのであり、それは「成人教育運動というよりもロータリー運動に近かったのかもしれない」と書いている(Schivelbusch 1985, 48／五七)。

ローゼンツヴァイクが、彼の試みを学派の創設や政治行為として認識していたかどうかははっきりしないが、みずからの失敗について語っている手紙がある。

> わたしのフランクフルトでの講義活動は失敗に終わったのです。わたしは、最初の出席者数を二度と達することはありませんでした。フランクフルトでよき講師と呼ばれるには、わたしはまったくかけ離れていたのです。「すばらしい講義」なるものは、何よりも講師が間断なく話し続けることによって特徴づけられるのです。そうすれば時間の終わりになって目を覚ました聴講生が、この人は一瞬たりとも休まずに語り続けたのだな、という意識を持ちますから(Rosenzweig 1979b, 857: Franz Rosenzweig an Rudolf Hallo, Anfang Dezember 1922)。

ローゼンツヴァイク自身の証言に加えて、グラッツァーによれば、やはりローゼンツヴァイクの講義は不成功だったのであり、一〇〇名ほどの学生たちにも届いていなかったと言う。「ローゼンツヴァイクは彼らの言語を語らなかったし、彼らは彼を理解しなかった。彼の聴講者たちは彼の偉大さを感じていた。しかし、ローゼンツヴァイクは称賛でなく、理解されることを望んでいた。対話と議論の力を十分に信じながらも、独白的で一面的な活動をせざるをえなかった人間の状況には悲劇的な何かがあった」(Glatzer 1978, 258)。

ローゼンツヴァイクの教育理念は、完全な仕方では実現しなかったのだろう。それは彼自身が認めているところである。しかし、世俗化した近代ユダヤ人がアイデンティティ・クライシスに陥っているのは事実であり、そこからの救済は教育にかかっている――これがローゼンツヴァイクの時代診断とその処方箋であったことに変わりはない。成人ユダヤ人を教育するという問題はすぐれて政治的な問題に容易に反転するのであり、そこに二〇世紀初頭のドイツ・ユダヤ人は投げ込まれていたという現実を忘れるわけにはいかない。一九二三年、まるでヒトラーを見越すかのように、リヒャルト・コッホは自由ユダヤ学院の役割について預言めいたことを書いている。

……もしわれわれの歴史的苦悩がふたたびやってくるならば、われわれはなぜわれわれが苦しむかを知りたい。われわれは動物ではなく、何が善く、何が悪いかを知っている人間のように死にたい。しかし、われわれは苦悩ではなく、平和を求めている。われわれがユダヤ人であるということ、われわれが過ちと美徳を保持しているということは、十分にわれわれに対してわれわれ自身と他の者たちによって語られてきた。われわれはそれを聞きすぎてきたのである。自由ユダヤ学院はわれわれに、なぜ、そして何のためにわれわれがそのようにあるのかを教えてくれるはずである(Koch 1923, 119)。

自由ユダヤ学院は、社会研究所やシュトラウスが考えたような学派ではなかった。だがコッホとシュトラウスが書いているように、自由ユダヤ学院がユダヤ人であるということについて、その由来と目的を語り、それを忘却したユダヤ人に教育を行おうと思うならば、それはユダヤ人という存在に対して重大な責任を担っているという事実を意味するだろう。

たしかにローゼンツヴァイクの行為は、学派の形成としては——シュトラウス的な意味で——不首尾に終わったかもしれない。しかし、世俗化したユダヤ人の現在と未来に対して責任を果たそうとした点に、彼の試みにおけるすぐれて政治的な側面や、自由ユダヤ学院の学派的な機能を見ることも可能である。そして、そこにローゼンツヴァイクの理念を守るためにシュトラウスが戦った代理戦争の大義があったのである。

第6章

宗教か法か

ユダヤ教の宗教哲学をめぐる解釈論争

プラトン

ユリウス・グットマン

ユダヤ教学アカデミーでのグットマンとシュトラウスは、上司と部下の関係であった。思うように事が進まず、苛立ちを募らせるシュトラウスはグットマンの宗教哲学のなかに近代世界の隘路を見た。しかし、グットマンもまた、中世の発見を言祝ぐシュトラウスの解釈に近代性の刻印を認めざるをえなかった。真理、啓示、律法をめぐってユダヤ人の近代問題、そして古代人たちと近代人たちの論争が、いまふたたび幕を開ける。

前章においてグットマンをめぐるローゼンツヴァイクとシュトラウスの複雑な人間模様について述べたが、グットマンとシュトラウスの関係はユダヤ教学アカデミーでの対立に限られたものではない。二人のあいだには、中世と近代における「ユダヤ教の哲学」について理解の違いが生じていた。彼らは、その分岐点において中世哲学や啓示を解釈しながら、ユダヤ教と近代の関係、そして二〇世紀初頭におけるユダヤ教の困難な状況をラディカルに問うていたのである。

本章ではまず、二人の対立を考察する前に、そもそもグットマンとはいかなる人物で、一九世紀末から二〇世紀中葉までのユダヤ思想史のなかで、どのような役割を果たしたのかを簡単に振り返っておこう。彼の仕事は「社会学的研究」、「哲学的考察」、「ユダヤ哲学の歴史」という三つの領域に大きく分けて概観することができるが、とくに第二と第三の研究領域に焦点を当てることにしよう。

1　ユリウス・グットマンのプロフィール

一八八〇年四月一五日、ユダヤ教のラビであったヤーコプ・グットマンの息子として、ユリウス・グットマンはヒルデスハイムで生まれた。父ヤーコプは、中世におけるユダヤ教の哲学の研究で重要な仕事を残した人物である。一八九二年以来、グットマンはブレスラウで生活し、ユダヤ神学校やブレスラウ大学に通い、一九〇三年にはブレスラウ大学で博士論文「カントの神概念」(Der Gottesbegriff Kants, 1903)を書いた。初期のグットマンの作品にはカント論が多く、また彼の宗教哲学自体にもカントの思想が色濃く反映されていると言われている。事実、彼には「カントとユダヤ教」(Kant und das Judentum, 1908)というタイトルのテクストがあり、「ヘルマン・コーエンの倫理学」(Hermann Cohens Ethik, 1905)といった新カント学派であるコーエンに関する論考もまた、このような背景のもとで理解できるであろう。

一九一一年から彼はブレスラウ大学で私講師に就いたが、そこでハンス＝ゲオルク・ガーダマー(一九〇〇―二〇〇二)が彼の講義を聴講している(ガーダマー 一九九六、一四)。一九一九年にはベルリンのユダヤ教学高等学院に招聘され、コーエンの後を継ぐことになり、一九二二年からはベルリンのユダヤ教学アカデミーにも積極的に関わりはじめる。このあいだグットマンは、ローゼンツヴァイクに代表されるような実存主義的な思想に批判的な態度をとることになるのであった。

一九三四年、グットマンはナチス・ドイツから逃れるためにエルサレムに渡り、ヘブライ大学のユダヤ哲学の教授に就いた。皮肉にも『ユダヤ教の哲学』が出版されたのは、ナチスが政権をとった年、一九三三年であった。著者が不在のままドイツに残されたこの書物と彼の論文「中世思想ならびに近代思想における宗教と学問」(Religion und Wissenschaft im mittelalterlichen und im modernen Denken, 1922)は、二年後の一九三五年、『スピノザの宗教批判』の著者にしてアカデミー時代の部下であったシュトラウスによって手厳しい批判にさらされた。シュトラウスの『哲学と法』で展開されたグットマン批判、そして両者の対立は近代ユダヤ哲学のゆくえのみならず、「啓蒙と正統派のあいだの古典的論争」の「再理解」ないしは「反復」を目論む論争、言い換えれば近代のラディカルなとらえ直しに発展したのであった(Strauss 1935(1997), 17)。

また、シュトラウスはある論文のなかで、グットマンの『ユダヤ教の哲学』の中心テーゼは二つあると書いている。ひとつは「わが中世の哲学者たちはギリシア的思想に与することによって、神・世界・人間についての聖書の思想を、かなりの程度にわたって放棄した」ということであり、もうひとつは「近代のユダヤ人哲学者たちは、ユダヤ教の中心的な宗教的信条の本来的な主旨を自己防衛することにかけては、彼らの中世の先行者たちよりずっと成功していた」というものである(Strauss 1989c, 214／二八〇)。

すなわち、シュトラウスによれば、グットマンは「近代のユダヤ哲学は、中世のユダヤ哲学よりもはるかに進歩しはるかに熟達した仕方で、信仰と知識、宗教と科学の問題を議論してきた」(Strauss 1989c, 215／二八二)という認識を保持していたのである。かつての上司とかつての部下の対立の内容については、次節で考察することにしよう。いずれにせよ、近年注目を浴びているドイツ時代のシュトラウスの思想を解明するためには、グットマンの宗教哲学を無視するわけにはいかないのである。

さて、その後グットマンは一九四〇年代初頭にエルサレムの地で、中央ヨーロッパのリベラルなユダヤ教の概念に沿って、イスラエルにおける宗教的なユダヤ人生活の再生を意図した知的宗教グループのなかでも活動することになる。またグットマンがシオニズムにどのような態度をとったかは、二〇世紀のユダヤ人問題と国家の関係を考えるうえで示唆的である。とりわけ興味深いのは、彼がいわゆるRGG(*Die Religion in Geschichte und Gegenwart*)のようなレキシコンで「シオニズム」の項目――「ザーロモン・マイモン」「ユダヤ哲学」なども――を担当していることである。プロテスタント系のレキシコンであるRGGの第二版には、レオ・ベックやグットマンのようなユダヤ人学者が参加し、いくつかの項目を書いているが、この現象は単にユダヤ人学者とキリスト教神学者のあいだの美しい知的共同作業として理解されるのではなく、〈レキシコンの宗教性〉や〈レキシコンの政治学〉の問題としても取り上げられるべきテーマであろう。

とはいえ、「政治的シオニスト」ではなかったと言われるグットマンにも「ユダヤ教史との関連でのパレスチナの再建」(Der Wiederaufbau Palästinas im Zusammenhang der jüdischen Geschichte, 1922)と題された論文がある。ヘブライ大学でも彼は精力的な研究活動を行っていたが、一九五〇年五月一九日、その地で不帰の人となったのである。

2　怪異な書物――シュトラウスの『哲学と法』

いかにして〈ユダヤ教の哲学〉の歴史を叙述するか

一九三五年、シュトラウスは『哲学と法』というきわめて怪異な書物を世に送り出した。一体、この本は何を議論しているのか。内容は哲学、神学、宗教哲学、法学、政治哲学の多岐にわたり、同時に正義としての自然や啓蒙的理性の問題を鋭く突くことで読者を複雑な迷路に誘い込みながら、シュトラウス自身の怪異な顔を垣間見せる構成になっている。

さて、グットマン批判に充てられた第一章「ユダヤ教の哲学における古代人たちと近代人たちの論争――ユリウス・グットマン『ユダヤ教の哲学』への注解」の冒頭でシュトラウスは次のように書いている。「同時に哲学的研究(*philosophische* Untersuchung)ではないような哲学―史的研究(philosophie-geschichtliche Untersuchung)は存在しない」(Strauss 1935(1997), 29)。シュトラウスにとってグットマンの『ユダヤ教の哲学』は、「ユダヤ教の哲学の歴史の手引書」であると同時に「哲学的問題の歴史的説明」であることを、まず確認しておこう(Strauss 1935(1997), 29–30)。

グットマンの課題は「方法論の観点から宗教が持っている固有価値」(Strauss 1935(1997), 30; Guttmann 1933, 10)、哲学とは異なる真理の様態を解明することである。グットマンは、宗教には「固有価値」があるという考えをカントやシュライアマハーから受け継いでいるが、彼にとって宗教哲学の課題とは「認識と倫理に対して……自立している宗教意識の分析」(Strauss 1935(1997), 30)であり、「他のあらゆる対象と意識の領域に対する宗教の範囲確定」(Strauss 1935(1997), 30)である。このような仕方でのグットマンの問題設定は、「哲学一般の課題」を「さまざまな「領域」に分かれる「文化」(*Kultur*)の理解」とみなしているように思える(Strauss 1935(1997), 30)。

しかし、シュトラウスによればグットマンは「文化」や「文化の領域」と言わず、「価値の領域」「真理の領域」「対象と意識の領域」という表現を用いる。グットマンは、「宗教は「文化」概念の枠組みでは正しく理解できない」(Strauss 1935(1997), 30)と考えている。「なぜなら、文化哲学は「文化」の名のもとで人間精神の「自発的産出」を理解しているからである」(Strauss 1935(1997), 30)。グットマンは「文化哲学の悩みの種」であり、固有の価値を持った「宗教そのものの事実」によって文化哲学から距離を取ることができたのである(Strauss 1935(1997), 30–31)。

だが、文化という人間精神の所産の領域では宗教をとらえることができないと言いながらも、グットマンは宗教哲学の課題を「宗教意識の分析」と考えている(Strauss 1935(1997), 33)。すなわち、対象である宗教は「宗教意識」の所産であり、『ユダヤ教の哲学』のなかでも、「神の観念は哲学的反省の成果ではなく、宗教意識それ自体の直接性(die Unmittelbarkeit des religiösen Bewußtseins selbst)から生じた。イスラエル、ユダの両王国の破滅にいたった危機のなかで、この新しい神の観念はその決定的な刻印を受けた」(Guttmann 1933, 12. 傍点引用者)、あるいは「創造の思想は世界の起源を理論的に説明したいのではなく、神と世界との関係をめぐる宗教意識があらわれている形式である」(Guttmann 1933, 14. 傍点引用者)と書かれている。グットマンは、文化概念をしりぞけながらも、「宗教意識の分析」を中心においた近代の宗教哲学でユダヤ教を考察しようとしている。

このようなグットマンの方法論はシュトラウスによれば、グットマンの——古代、中世、そして近代のメンデルスゾーンにいたる——歴史叙述それ自体を規定しているものである。宗教は固有の真理や本質を担っており、哲学から自立した領域となる。それゆえ、哲学者たちは「方法論の観点から宗教が持っている固有価値」を解明しようと努めたのであり、ここに宗教哲学における近代的展開のひとつの帰結がある。

とはいえ、「当初は宗教と哲学は方法論的にお互いから分離されるべきではなく、内容的にともに調停されると言われていた」(Guttmann 1933, 10. 傍点引用者)。古代と近代における哲学と宗教の方法論的違いが論じられながらも、中世においては両者の内容的一致が重要だったのだというグットマンの歴史観が、この引用から透けて見える。

グットマンにとって「近代ヨーロッパ文化は、精神的生活の全体を、その宗教的拘束から引き剥がし、そうすることで、ユダヤ的文化の伝統的統一性の基礎を破壊してしまった」(Guttmann 1933, 302)。その近代のなかで思索したメンデルスゾーンにおいては、「……理性の普遍的真理とは別にあるべき、歴史的啓示の真理のための場所はどこにも残されてはいないのである」(Guttmann 1933, 317)。このグットマンの叙述を踏まえて、シュトラウスは次のように言う。

> こうしてたしかに聖書の内実(*Gehalt*)はメンデルスゾーンによって彼の中世の先任者たちよりもよく保存されるが、彼はもはや以前と同じように満足に聖書の形式(*Form*)、すなわち聖書の啓示的性格について釈明をすることができないのである。すでにこの事実が次のような推測をさせるのである。もし人が聖書の内実を哲学の基本要素のなかに完全に保存しようとするな

らば、聖書の形式に関する伝統的見解、すなわち聖書の啓示への信仰を犠牲にしなければならないのである。聖書はもはや啓示されたものとしてではなく、宗教意識の所産として理解されなければならない。そして、「宗教哲学」の課題はもはや啓示の教えと理性の教えの調停のうちではなく、宗教意識の分析のうちにある(Strauss 1935(1997), 33)。

ユダヤ教の哲学史が示しているのは、「聖書の適切な学的理解の可能性の条件そのもの」であり、こうしてシュトラウスはグットマンの歴史叙述から、彼の方法論の歴史的背景を導き出すのである。さらにシュトラウスも引用しているが、グットマンはこうも書いている。

啓示の神的権威への信仰は中世の思想家たちにとって自明の事態である限り、彼らもまた人格全体として、よりしっかりとユダヤ教の伝統と生活の実質に根を下ろしていた。それにもかかわらず、近代の思想家たちは、ユダヤ教の理論的解釈においては、ユダヤ教の中心をなす宗教思想の真の意味に[中世の思想家たちよりも]大きな抵抗力を持って固執している(Strauss 1935(1997), 33; Guttmann 1933, 342)。

この主張は、シュトラウスの目には「ユダヤ教の適切な学的認識は啓示の権威への信仰を犠牲にし、ユダヤ教の「生活の実質」に対する重大な損失と引き換えに得られている」(Strauss 1935(1997),

33-34)と映った。近代はユダヤ教を中世よりも十全に理解できる地点に立ったと——グットマンによって——考えられたが、ユダヤ人の生に大きな傷もつけたのである。それゆえ、そこにシュトラウスが「生と思考のあいだの逆説的な不均衡」(Strauss 1935 (1997), 34)を見たのも当然であった。

誤読への警告

シュトラウスが大きな影響を受けたコーエンも、近代の宗教意識から逃れることはできなかった。シュトラウスは、一九二四年に雑誌『ユダヤ人』のなかで学会展望として「宗教哲学」について報告しているが、そこで「コーエンは倫理的モチーフ、すなわち目的(Wozu)に対する関心を教えており、神話的モチーフ、すなわち起源(Woher)に対する関心を排除〔止揚ではない〕するだろう」(Strauss 1924b (1997), 348)と評している。

さらにシュトラウスによれば「倫理的な超越のモチーフは、コーエンにおいては宗教的な超越のモチーフの力と深みを最初からそのなかに暗示的な仕方で持っている」(Strauss 1924b (1997), 349)。しかし、倫理的・宗教的な超越に突き動かされていたコーエンでさえ、グットマンによれば神を「理念」としては認めるが、「実在」として受け取ることができなかったのである(Strauss 1935 (1997), 35; Guttmann 1933, 361)。

それゆえ、グットマンもこの点においてはコーエンについて批判的にこう述べている。「……コーエンは神の理念の内実のうちに、宗教的な神の観念の実体と活力を取り入れ、もはやためらうことなく神を人格として考えている。しかし、このような体系の方法的土台は、神を実在として解釈することを今後もコーエンに不可能にしている」(Guttmann 1933, 361)。

神の恩寵をめぐっても、コーエンにおいては、「赦しの神という理念」(Guttmann 1933, 361)は、道徳的な自己刷新の力を人間に与えるような信仰を告げるだけである。こうしてどんなに壮麗な体系を築いても、近代世界のなかに生きるコーエンには、「宗教の内実と哲学的な概念形成のあいだにある究極的で調停不可能な緊張が存在し続けているのである」(Guttmann 1933, 362)。

ただ、このような近代のディレンマはコーエンだけが引き受けた問題ではない。シュトラウスにとって、人間の宗教意識から出発する近代の宗教哲学は「形而上学」ではなく「認識論」を基礎としている点に(Strauss 1935(1997), 35)、近代における宗教理解の困難がある。

> 近代哲学は人間をもはやコスモス(Kosmos)の成員として、すなわち他の自然的存在のなかの(たとえ卓越していたとしても)ひとつの自然的存在(ein natürliches Wesen)としては理解しないし、理解することもますます少なくなっている。むしろ反対に、近代哲学は自然(Natur)を人間から、より正確に言えば意識から構成されたものとして理解する。まさにこのような理由のために、近代哲学は創造者(*Schöpfer*)としての神をコスモスからではなく、意識からのみ「発見」できる(Strauss 1935(1997), 35)。

かくして以前は自明であった「[神の]実在」「意識から独立した神の「絶対的現実性」」は、近代のなかで「根本的に理解不能」となってしまったのである(Strauss 1935(1997), 35–36)。

シュトラウスはグットマンの『ユダヤ教の哲学』がドイツ観念論の伝統を引き継いだコーエンで終わっており、コーエン以後に生じた「時代の思考を一般的に支配する形而上学的で非合理主義的な諸傾向」(Guttmann 1933, 362)を指摘するにとどめていると言う。意識ではなく、もしかしたらそれ以上に人間の内面に深く入り込んでいった実存哲学の潮流は、その集中度に応じて人間以外の自然に目を向けることをやめてしまったのであり、そこにシュトラウスは創造信仰の破棄を見た。

実存哲学に時間を費やすほど、グットマンの宗教哲学は二〇世紀的ではなかった。しかし、コーエンから大きな影響を受けながらも、彼はコーエンに全面的な同意を示すこともない。このようなコーエンに対するグットマンの両義的な態度のうちに、シュトラウスは近代哲学に対するグットマンの揺れを感知するのであり、読者にグットマンを誤解しないようにと警告する。

彼のコーエン批判のなかで示されているように、グットマンは中世哲学に対する近代哲学の優越性そのものではなく、単に近代哲学のある程度の優越性を主張している。実際に彼のテーゼが述べているが、近代哲学は信仰の「内的世界」を中世哲学よりも適切に理解しながら保持することができる。しかし、近代哲学はこのような「内的世界」を支配する神と「外的」自然との本質的な関係を中世哲学よりも適切に認めることができないのである(Strauss 1935(1997), 39)。

認識論を中心とした近代哲学は人間の内面を理解する術には長けているが、存在論を欠いているがゆえに内面世界に限定されない神の力と人間の外に広がる自然との関係を適切に理解できない。このような近代哲学の行き着いた先に実存哲学がある。それゆえ、グットマンの『ユダヤ教の哲学』は中世の叙述にかなりの頁が割かれており、実存哲学にほとんどふれないことには明確な理由がある。すなわち、「グットマンは、観念論的哲学から「新しい思考」への自然的進歩ではなく、むしろもっとも新しい思考から古い思考への強制的な後退が、われわれの今日の窮状に終止符を打つことができるということについて間違った判断を抱くことはない」(Strauss 1935(1997), 39-40)。シュトラウスによれば、グットマンは「ユダヤ的伝統、それゆえ非近代的、前近代的審級を近代的思考に対する裁判官として認め、こうしてもっとも明白に近代的思考の根本的な不十分さに対する視点を表明している」(Strauss 1935(1997), 40)。

啓示の前に立つ哲学

グットマン曰く、「宗教を哲学の問題としたことが中世の独創的な成果である。さらには古代の伝統に完全に従属し、伝承された思考のモチーフの考究と継承のなかでのみ生産的でありながら、ここに中世的思考はひとつの新しい問題領域を開いたのであり、哲学的意識にひとつの新しいモチーフを与えたのである」(Guttmann 1922, 147)。

それゆえ、シュトラウスによればグットマンは古代とも近代とも異なる中世哲学の真の課題を宗教哲学だと考えており、その宗教とは「啓示宗教」(Strauss 1935(1997), 44)に他ならなかった。しかし、「啓示の現実性によって哲学の状況は根本から変わってしまった」(Strauss 1935(1997), 44)。いや、もっと言えば古代以上に困難な課題を中世の哲学者は引き受けなければならなかったのである。

書物一般への順化、伝統一般の支配ではなく、無条件の権威を持った書物への順化、無条件の権威を持った伝統の支配は哲学することを特別に困難にする。すなわち、啓示に基づく伝統が哲学の世界へ侵入してきたという事実は、人間が「洞窟」にいることで示されているような哲学することの自然的困難に続き、歴史的困難を増大させた(Strauss 1935(1997), 45)。

古代においては人間本性——人間的自然——の問題として哲学することの困難が自覚されていたが、そこにさらに哲学と啓示宗教の出会いによって引き起こされた歴史的困難が立ちふさがる。このような状況のなかで、中世の哲学者は啓示の内実については論争ができたかもしれない。しかし、「啓示の現実性」や「啓示に服従する義務」そのものについて論争することは不可能だった。なぜなら「啓示の権威の承認」は「自明のもの」だったからである(Strauss 1935(1997), 46)。それゆえ、哲学と宗教の関係は次のような結論に行き着かざるをえないだろう。

啓示の権威の承認は、哲学することそれ自体の前提である。この前提が、あらゆる哲学することに先立っている。すなわち、この前提は人間の思考によっておかれるのではなく、前もって人間の思考に課されている。啓示の権威の承認は哲学することよりも以前にあるがゆえに、そして啓示は完全に人間に対して要求するがゆえに、いまや哲学することは啓示された法によって伝えられたものとしてのみ可能となる(Strauss 1935(1997), 46)。

要するに「哲学することの新しい状況から、つまり啓示による拘束性から、哲学の新しい課題、啓示に対する責任が生じる」(Strauss 1935(1997), 47)とシュトラウスは言いたいのである。中世哲学は、何よりもまず「哲学の根拠づけ」(die Grundlegung der Philosophie)を「哲学の法的基礎づけ」(*gesetzliche Begründung der Philosophie*)のなかに見るのであった(Strauss 1935(1997), 47)。

グットマンと同様にシュトラウスもまた、中世哲学の重要課題は宗教であることを認めるが、中世の哲学者たちは宗教を近代の哲学者たちのように価値や意識の領域とみなしたのではなく、「法」(*Gesetz*)、より正確に言えば〈啓示された法〉=〈律法〉の問題として理解したのであり、グットマンとシュトラウスは中世哲学の理解をめぐって大きく異なる方向に向かっていった。

そして、このような理解に立ってこそ、なぜシュトラウスの書物のタイトルが『哲学と法』であり、「哲学と宗教」でもなければ、「哲学と啓示」でもないのかがわかるはずである。

プラトンの弟子

中世哲学の根本的な課題は「哲学の法的基礎づけ」、すなわち「哲学することに適している人間が啓示された法によって哲学することを義務づけられ、それゆえ哲学することの権能を与えられているということの証明」である(Strauss 1935(1997), 47)。シュトラウスによれば、「神によって預言者を通して与えられた法としての啓示」(Strauss 1935(1997), 57)は預言の教説のなかで哲学の主題となるのであって、その「預言の真の問題は政治の主題である」(Strauss 1935(1997), 58)。

しかし、なぜ政治なのか。シュトラウスは言う。「政治は人間が本性において政治的生物であるということに由来し、そして政治は人類が法を、それゆえ立法者を要求していることを示している」(Strauss 1935(1997), 58)。

法と立法者には二種類あると言う。第一の法は「平和な共同生活」を可能にし、「身体の健康」にのみ関心を寄せる法である(Strauss 1935(1997), 58)。第二の法は「身体の健康」だけでなく、「魂の健康」「魂の完全性」をも目的とする法である。第一の法が「諸々の人間的な法」であるならば、第二の法は「神的な法」であり、後者の法を告知する者こそ、「預言者」である(Strauss 1935(1997), 58)。哲学することが法によって義務づけられているのならば、預言者は哲学するにふさわしい人間を召喚し教育するためにも、みずからもまた哲学者でなければならない。

こうしてシュトラウスによれば、なぜ哲学者が啓示、すなわち法に関心を持たなければならないかが明らかになる。哲学者もまた人間であり、それゆえ政治的存在であるがゆえに、法を必要とする。この端的な人間的事実のうちに、哲学者は預言者であり、同時に立法者でもなければならないことが示されている。

シュトラウスにとって啓示は預言者を通して神から贈与された法であり、彼は哲学と神的な法の抜き差しならない関係のなかに政治を読み込んでいくが、そのシュトラウスとは異なりグットマンは中世哲学のうちに哲学的真理と宗教的真理のコミュニケーションを見る。『ユダヤ教の哲学』にあるように、中世哲学は宗教という新しい対象領域を見出したが、「古代の形而上学の諸構想に関わる根本的な変更もまた、古代の形而上学の世界像を人格主義的な聖書の宗教性に適応させようとする必要に発するものである」(Guttmann 1933, 63–64)。このようなグットマンの主張から考えても、真理のコミュニケーションこそが啓示の主要な目的だったと理解されたのである。それゆえ、「啓示の社会創設的、国家創設的な意味はグットマンにおいて付随的な目的となる」(Strauss 1935 (1997), 60)。

シュトラウスにとってグットマンの欠点は近代的な問題設定にあり、それは「中世哲学に対する近代哲学のある程度の優越性」を確信した結果である。これに対して、シュトラウスははっきりとこう述べるのであった。「中世哲学の歴史家は、少なくとも発見的な手法によって近代哲学に対する中世哲学の無条件の優越性を受け入れるほうがよいのである」(Strauss 1935 (1997), 60)。

シュトラウスは、中世のイスラーム・ユダヤ哲学者たちは「プラトンの弟子」(Strauss 1935 (1997), 61)だったと言う。「とくにマイモニデスによってユダヤ教へと移し植えられたイスラームのアリストテレス主義者の教説にしたがって」、預言者・哲学者・立法者を一身に体現した者は、「人間の真の完全性へと導かれる社会の創設者」であり、それゆえ「理想国家の創設者」であった(Strauss 1935(1997), 61)。「その理想国家の古典的構想がプラトン的国家である」(Strauss 1935(1997), 61)。こうして預言者はプラトン的な哲人王へと変貌するのであり、ここに「中世の預言者論」(die mittelalterliche Prophetologie)(Strauss 1935(1997), 62)が誕生する。

先に中世のイスラーム・ユダヤ哲学者は「プラトンの弟子」だったと述べたが、ならば彼らに影響を与えたプラトンの書物とは何か。シュトラウスによれば、プラトンは『法律』のなかで「中世の思想家における啓示された法の哲学的解釈を先取りする解釈技法にしたがって」、古代ギリシアの神的な法を真に神的な法へと変えており、そこで「プラトンは疑いもなく啓示された法の世界のすぐそばに立っている」(Strauss 1935(1997), 64)。すなわち、中世世界のなかで啓示宗教に由来する神的な法を語るのはまさにプラトンを精読した者であった。

シュトラウスはグットマンを批判しながらも、「中世哲学の「宗教哲学的」性格を強調することで中世形而上学のより深い諸前提に注意を促したこと」(Strauss 1935(1997), 66)がグットマンの偉大な功績だとする。しかし、「「宗教意識」という近代的概念の批判的解体(die kritische Zersetzung des *modernen* Begriffes des »religiösen Bewußtseins«)に基づいて、そして神的な法の古代的、プラトン的概念の再理解(das Wiederverständnis des *antiken*, Platonischen Begriffes des göttlichen Gesetzes)に基づいて」(Strauss 1935(1997), 66)、グットマンの真の意図——古代と中世の哲学から学び、近代的思考の根本的な不十分さを認識すること――に力を貸し、勝利に導くという課題も残されていると述べる。言い換えれば、シュトラウスはグットマンの批判的克服を告げるのであった。

3 歴史的視点と哲学的確信――グットマンの反批判

グットマンは、シュトラウスの批判をどのように受け取ったのだろうか。彼には生前に公表することのなかったシュトラウスに対する反批判の論文があった。おそらく一九四〇年から一九四五年のあいだに書かれたと思われるもので、グットマンの死後、ショーレムによって発見され、公表された論文には「宗教の哲学か、あるいは法の哲学か？」というタイトルが付されていた。タイトル自体にグットマンとシュトラウスの立場が鮮明に示されており、その論文のなかで彼は『哲学と法』の全体を問題としている。

しかし、ここでは前節で論じた『哲学と法』の第一章に関わる内容、とくに方法論の問題と、まだふれていない『哲学と法』の序論の議論を視野に入れながら、グットマンのシュトラウスに対する反批判を追いかけてみよう。

法と秩序

グットマンによれば、シュトラウスの『哲学と法』は第二章と第三章において中世のイスラーム・ユダヤ哲学者たちの新しい解釈を積極的な仕方で展開しており、序論と第一章ではグットマンの『ユダヤ教の哲学』との批判的対決のなかで、みずからの新しい解釈を議論している。同時に『哲学と法』の出版以後にシュトラウスは自分の立場を変えていることも指摘されているが、ここではこの問題に深入りすることはやめよう。

さて、グットマンの理解によれば、シュトラウスは中世のイスラーム・ユダヤ哲学者たち、そして啓示の問題を「法」という「政治的問題」から理解している。また、「法の理念は啓示の哲学的解釈に対して手引きを渡しており」、理性は法の視点のもとで規定されていることになる(Guttmann 1976, 149)。それゆえ「もし啓示が……法の啓示であるならば、理性がみずからを調和させ、そして理性がその前で弁明をしなければならないのは法である」(Guttmann 1976, 149)。

しかし、こうしたシュトラウスの解釈は中世理解の支配的な学説、すなわち「中世哲学は啓示をまず諸真理の告知[コミュニケーション]とみなす」(Guttmann 1976, 149)考え方と対立する。啓示は「政治的問題」からではなく、「形而上学的視点」のもとで理解されるべきであり、重要なのは「信と知」の関係だという学説こそ、グットマンの立場をあらわしていると言ってよいだろう(Guttmann 1976, 149)。「形而上学の体系的連関は啓示のなかへ持ち込まれ、啓示は啓示された形而上学となる」(Guttmann 1976, 149)。

だが、啓示は単に知的なものに還元されるわけではない。啓示の神は「最高の世界原因」であり、同時に「あらゆる完全性の総体」である(Guttmann 1976, 149)。そこには神が世界や人間とどのように関わるのかという解釈も含まれ、それに対応するように「人間の生の目的」や「神と人間の共同体の性質」というモチーフが活発に息づいていたのである(Guttmann 1976, 149)。

このような中世哲学のモチーフを可能な限り明らかにするために、グットマンは「「宗教」や「宗教意識」という近代的カテゴリー」(Guttmann 1976, 150)を用いたのだと言うが、その半面、近代的カテゴリーそれ自体は中世哲学にとって「異質なもの」であったし、明確な意識にのぼることもなかったのであり、単に「潜在的に」(latent)含まれていただけであることも、彼は認めている(Guttmann 1976, 150)。

しかし、だからこそグットマンは近代的カテゴリーを用いることによって、近代以前の思想家たちが近代的カテゴリーを目指している趨勢を明らかにすると同時に、近代的カテゴリーに内在している限界を示すことができるのだと言う。このような循環的な議論で、彼はみずからの立場を正当化し、「問題史的考察方法の権利[正しさ]」(das Recht problemgeschichtlicher Betrachtungsweise)(Guttmann 1976, 150)を主張している。

グットマンは、シュトラウスの『哲学と法』が方法論的には「歴史的視点」(historische Gesichtspunkte)からだけでなく、「事柄的・哲学的視点」(sachlich-philosophische Gesichtspunkte)からも書かれていると言う(Guttmann 1976, 151)。原典を歴史的に研究することは問題の所在をはっきりさせ、そこにより深く切り込んでいくためにも有効な手段である。しかし、グットマンはシュトラウスの歴史的視点の背後に隠されている彼の意図を暴こうとする。

この判断の基礎にある哲学的確信(die philosophischen Überzeugungen)は近代の実存哲学の確信である。そのような確信から、形而上学の人間的意味はその本来の意味になり、啓示は人間的生の全体的秩序としてのみ根源的な理解に至るのである。宗教意識のカテゴリーに対する法のカテゴリーの優越性は、宗教の価値哲学的解釈に対する実存的解釈の優越性である(Guttmann 1976, 151. 傍点引用者)。

グットマンにとってシュトラウスが法を強調するのは彼の実存哲学に由来するのであり、法としての啓示は「人間的生の全体的秩序」の問題である。それゆえ、一見、中世哲学の歴史的解釈に思えるシュトラウスの議論の核心には、シュトラウス——そして、もちろんグットマン——が生きた「現在の宗教的状況の困難からの出口」(Guttmann 1976, 151)を示すための「事柄的・哲学的視点」、そして「哲学的確信」があったとグットマンは分析している。

シュトラウスの『哲学と法』の第一章のタイトルは「ユダヤ教の哲学における古代人たちと近代人たちの論争」であったが、シュトラウスとグットマン自身が古代人たちと近代人たちの論争を再演していたのではないだろうか。そして、これが正しいのであれば、そうせざるをえなくなった状況、すなわち両者による再演の舞台は一九三〇年代のドイツにこそ用意されていたのである。

一九三三年に『ユダヤ教の哲学』、一九三五年に『哲学と法』は書かれ出版されたが、それと並行するようにドイツはヒトラーの手のなかに落ちていった。実のところ、二人にとってユダヤ教の宗教哲学の再考はアクチュアルな課題であったし、形而上学的で非合理的な運動の隆盛、そして信仰を人間の内面にのみ集中させていく実存哲学の勃興のなかで、彼らはそれぞれの仕方で脱出路を模索したのである。しかし、グットマンの判断にしたがえば、彼はシュトラウスの哲学的確信のうちにシュトラウス自身が厳しく批判した実存哲学を見たのであった。このあたりの奇妙なねじれについては、『哲学と法』の序論も視野に入れながらもう少し考えて見よう。

偽装された降伏、あるいは偽りの調停

シュトラウスは『哲学と法』の序論のなかで、「ユダヤ教の現在の状況は、それ自体――その状況のなかでも、そしてその状況によっても傷つけられなかったユダヤ教の根本構造を別とすれば――啓蒙によって規定されている」(Strauss 1935(1997), 10)と書いている。この言葉を受けるかのように、グットマンは「ホッブズ、スピノザ、ヴォルテール、そしてライマールスによって代表される一七世紀と一八世紀の急進的な啓蒙」こそ、シュトラウスにとって「決定的な出来事」だと述べる(Guttmann 1976, 169)。創造、奇跡、啓示といったユダヤ的伝統の基礎が掘り崩されていくなかで、このような宗教批判の根底には「理性の自己十全性への信仰」(Strauss 1935(1997), 11)があると言う。「啓蒙と正統派のあいだの古典的論争」(der klassische Streit zwischen Aufklärung und Orthodoxie)(Strauss 1935(1997), 17)を解消するために、ユダヤ教の側でも、たとえばメンデルスゾーンのよ

うな思想家たちは両者の対立を妥協や総合によって克服しようとした。彼らは、ユダヤ教の伝統的な概念を——人間のうちにも、この世界のうちにも——「内在化[内面化]」(Verinnerlichung)(Strauss 1935(1997), 11)する努力を積み重ねてきたが、それは本当に成功したのだろうか。

別の角度から考えてみよう。シュトラウスがみずからのスピノザ論を捧げたローゼンツヴァイクは、啓蒙とユダヤ教の関係をどのように考えていたのだろうか。シュトラウスによれば、ローゼンツヴァイクは「伝統への回帰」(Strauss 1935(1997), 15)を目的とする運動のなかにいたが、そこでは「啓蒙と正統派のあいだの論争に関する根本的な熟慮」や「この論争の結果の根本的な点検」は行われなかった(Strauss 1935(1997), 15)。事実、ローゼンツヴァイクもまた「伝統的な不死への信仰」や「表向き現在のドイツの正統派にとって特徴的な律法解釈」を受け入れることができなかった(Strauss 1935(1997), 15)。さらにシュトラウスにとってより深刻だったのは、次の事実である。

……伝統への回帰はもっぱら啓蒙以後の総合、とくにヘーゲルとの論争のうちでのみ実行された。啓蒙との直接的かつ主題的な論争は断念してもよいと考えられた。なぜなら人はヘーゲル主義の克服によって、まさにこのヘーゲル主義のなかで「止揚された」啓蒙をともに「克服した」と——首尾一貫して「克服された」ヘーゲル主義という意味において——みなしたからである。とはいえ、実際はヘーゲル主義に対する批判は内容から言って啓蒙の復権に至ったのである(Strauss 1935(1997), 16)。

博士論文としてヘーゲルの国家論や歴史哲学を取り上げ、「パルメニデスからヘーゲルまで」(Rosenzweig 1921 (1976), 14／一八)の観念論的な「古い思考」に戦いを挑んだローゼンツヴァイクの〈新しい思考〉は、宗教と啓蒙のヘーゲル的総合を批判すれば、すべて事足りると考えていた。しかし、シュトラウスにとって、それはきわめて不十分なものであった。結局のところ、ローゼンツヴァイクの〈新しい思考〉は奇跡や創造信仰を否定しようとする「ラディカルな啓蒙」にまで、その批判を徹底することができなかったのである。シュトラウスは、「中世哲学をいかに学び始めるか」という論文のなかで次のように書いている。「モーゼス・メンデルスゾーンからフランツ・ローゼンツヴァイクに至る近代ユダヤの哲学の成否は、近代哲学一般の基本的前提にかかっているのである」(Strauss 1989c, 215／二八二)。ここで指摘される「近代哲学」とは、端的に言って「啓蒙」を指している。

おそらくローゼンツヴァイクの〈新しい思考〉もまた、このような総合の試みのひとつであったかもしれない。たしかに彼は、ヘーゲル的な全体性の哲学を仮借なく批判した。しかし、ユダヤ教に劇的に回帰しながらもローゼンツヴァイクが著した書物『救済の星』は「ひとつの哲学体系」(Rosenzweig 1925b (1984), 140／一七九)であった。彼にとって〈新しい思考〉とは「神学的問題は人間的なものへと翻訳されることを望み、人間の問題は神学的なものへと至るまで前進することを望んでいる」(Rosenzweig 1925b (1984), 153／一九四)のであり、どちらか一方だけでは〈新しい思考〉にはなりえなかったのである。ローゼンツヴァイクは、このように哲学と神学が相互的な関係を築いている思想を「新しい神学的合理主義」(der neue theologische Rationalismus)(Rosenzweig 1921(1976), 115／一五六)と呼んだ。もちろん哲学と神学がひとつになるわけではない。両者の関係はあくまで「兄弟のようなもの」であり、この思想を担う者のなかでは「統一された人格」にならなければならないと、彼は書いている(Rosenzweig 1925b(1984), 153／一九四)。

しかし、その「新しい神学的合理主義」はシュトラウスが活路を見出した合理主義とはまったく違うものであった。いやそもそも、シュトラウスにしてみれば哲学と神学が兄弟のような関係になることなど、最初から挫折を余儀なくされていることだったのである――「……哲学と神学の抗争を超える何らかの可能性も、両者をあえて総合しようとする何らかの可能性も存在しえない」(Strauss 1989b, 270／三四二)。

グットマンによれば、シュトラウスはこのようなユダヤ人思想家の中途半端な状況のなかに「啓蒙の批判を前にして偽装された降伏」を見たに違いないのである。しかし、実際は啓蒙と正統派という二つの敵対者はいまだ「戦場」におり、その「アクチュアリティ」を失うことはけっしてない(Guttmann 1976, 169)。それゆえ、シュトラウスのなかには啓蒙と正統派の媒介も総合もなく、グットマン曰く、「シュトラウスは正統派か啓蒙かという二者択一だけを知っている」(Guttmann 1976, 170)。さらにシュトラウスはこの啓蒙と正統派の対立を、「正統派か無神論か」(Strauss 1935(1997), 26)という二者択一の対立にまで、より正確に言えば正統派と「知的誠実性」(Strauss 1935(1997), 25)

からの無神論の対立にまで高めるのであった。

信仰告白

このようなシュトラウスの判断は、グットマンによれば彼の「信仰の本質」(Guttmann 1976, 171) からのみ理解できる。少し長いがグットマンの議論をそのまま引用しよう。

……啓蒙と正統派のあいだの対立を、シュトラウスは啓示への信仰と理性の自己十全性への信仰のあいだの対立に帰する。これは、啓示への信仰は理性の自己十全性への不信仰に基づくことを意味する。啓示を必要とする意識は啓示への信仰に至る真のモチーフであり、さらに言えばその必要は第一に理論的な領域のなかにあるのではなく、何よりもまずみずからの生の自立的実行に対する人間の無力さに由来する。このような態度を、シュトラウスは中世哲学のうちにもふたたび見つけ出す。その中世哲学と言えば、第一に理性を啓示に従属させ、第二に啓示の意味を人間に対してみずからの力では達成できない正しい生の秩序を告げる立法のうちに見るのである(Guttmann 1976, 171)。

シュトラウスは、人間を世界の主人へとするような楽観的な「理性の文明的力への信仰」を捨て去り、代わりに「深いペシミズム」のなかに沈んでいくが、このペシミズムは宗教の慰めを必要としないとグットマンは言う。それゆえ、このような状況のなかで生きる近代人は堅忍不抜と知的誠実性に由来する無神論者となるのである(Guttmann 1976, 171-172)。

しかし、人間は啓示を必要とし、結果的に「人間は法に頼らざるをえない」(Guttmann 1976, 172)。シュトラウスにとって啓示信仰とは「人間の無力さに由来する権威的な生の指導への欲求」として「純粋かつ形式的に」理解され、この欲求は「厳しい啓示の権威によってのみ満たされうるが」、啓示の内実についてはとくに大きな関心を呼ぶことはない(Guttmann 1976, 172)。こうしてグットマンは、次のようにシュトラウスの啓示理解を批判するのであった。

ユダヤ教的啓示か、あるいはキリスト教的啓示かが重要であるかどうかは、どうでもよいことである。このような啓示の内実に対する無関心は、啓蒙と正統派の対決のなかで完全に明白である。この解釈は、まさに中世哲学の解釈においても同様に明らかになる。シュトラウスは、理性を啓示の権威へ従属させることや立法としての啓示理解を、解釈における本質的なものだと考えている。このような啓示のなかに含まれている信仰の表象の内実、神的な立法が方向づけられている目的の意味でさえ、この解釈においては相対的に二次的なものとしてあらわれる(Guttmann 1976, 172-173)。

グットマンにとってシュトラウスの「形式的合法主義」(der formale Legalismus)(Guttmann 1976,

173)が彼の中世哲学の解釈を基礎づけているのであり、深い無神論的なペシミズムが理性的真理と啓示的真理のコミュニケーションを妨げ、近代的な〈あれかこれか〉の実存哲学へと彼を導くのであった。それゆえ、「ユダヤ教、キリスト教、そしてイスラム教が、哲学的な生の否定において一致するという事実」(マイアー 二〇一〇、二五)を重視するシュトラウスのなかで、アテネとエルサレムが和解することはけっしてなく、その見方自体がグットマンにとってはすぐれて近代的な立場であった。曰く、「このような信仰概念(Glaubensbegriff)が、彼の歴史的描写と同様に体系的描写にとってあらゆるものを規定する基礎である」(Guttmann 1976, 173. 傍点引用者)。

こうしてシュトラウスの「哲学的確信」は、近代世界に対する彼の〈信仰告白〉に変貌する。

二人の近代人

このようなグットマンとシュトラウスの解釈論争の考察を通して、三つの点を指摘しておきたい。

第一に、グットマンによるシュトラウス批判のその後である。一九五一年、グットマンの『ユダヤ教の哲学』のヘブライ語訳が出版され、一九六四年にはその英語訳も出されている。ヘブライ語訳——そして英語訳——にはナフマン・クロホマル(一七八五—一八四〇)とローゼンツヴァイクの章が追加されているが、注も増やされている。そして、その注のなかにはシュトラウスへの言及も含まれており、グットマンの反批判では詳しく書かれていない論点がある。すなわち、シュトラウスが中世哲学者のうちに「公教的教説」と「秘教的教説」の区別を発見したという指摘であり、それに対するグットマンの反論である。

グットマンによれば、シュトラウスは公教的教説と秘教的教説のあいだに「深淵」を見るが、「中世の哲学者の秘教的教説(esoteric doctrines)については、シュトラウスはまだ体系的な仕方では自分の意見を述べておらず、それゆえ彼の立場について断定的な評価を下すことはできない」(Guttmann 1964, 434/四二九)。しかし、次の点は明らかだと言う。「シュトラウスにとっては、秘教的な意味(esoteric sense)での哲学は、彼の初期の論考で推定されたように、啓示とはまったく結びついてはおらず、全面的に自立しているのだ」(Guttmann 1964, 434/四二九)。

これに関連して、ショーレムがベンヤミンにシュトラウスの『哲学と法』を勧めたという話は興味深い。ショーレム曰く、もしベンヤミンがその書物の書評を書いたならば、彼は「ユダヤ教の「政治哲学」の二つの極を対比することができただろう。ひとつの極は理性的な秘教であって、その内部では一切の魔術的要素が清算されている。もうひとつの極はこれと反対に、あぶなかしいまでにのぼりつめた、厳しい魔術的＝神秘的見解である」(Scholem 1975, 250/二四四)。結局、この書評は実現しなかったが、ショーレムの指摘する両極はベンヤミンのなかに共鳴音を呼び覚まさずにおかないだろうとも言われている。この哲学の徹底的自立性と啓示の政治的機能は密接に関連しており、おそらくはシュトラウス自身の哲学観にも通じる問題圏を形成していると言うことができるが、同時にシュトラウスとベンヤミンにおける神学―政治問題の近さを予感させるものである。

第二に、シュトラウスは近代的カテゴリーで中世哲学を分析したグットマンに、論争における近代人の役割を帰そうとしたわけだが、実のところグットマンの目から見ればシュトラウスこそ、近代的な実存哲学の枠組みのなかで中世哲学を解釈する近代人であったことがわかる。これが正しいのであれば、グットマンとシュトラウスという二人の近代人は近代のなかで近代の外部を考えていたとも言える。

また序論で述べたように、トレルチはコーエンを「現代のフィロン」と呼んだが、彼から大きな影響を受けたグットマンもまたその名にふさわしい思想家かもしれないし、そうであるならば〈あれかこれか〉を強調するシュトラウスは、現代のテルトゥリアヌスと呼ばれてもよかっただろう。ただしシュトラウスにおけるアテネとエルサレムの問題を、グットマンが言うように、実存哲学の枠組みで理解することができるかどうかはまったく別の問題であり、慎重な検討が必要であることは言うまでもない。

第三に、グットマンによれば、シュトラウスが「現在の宗教的状況の困難からの出口」を探したことと彼の中世哲学の解釈は密接に結びついていた。シュトラウスにとって啓示は法の開示であり、それは「人間的生の全体的秩序」に深く根ざしたものであった。シュトラウスが生きた二〇世紀初頭のドイツは、非合理的な運動や民族主義的組織が跋扈し、ヒトラーの時代を予感させながら、まさに「人間的生の全体的秩序」の問題に苦悩していたのである。

このような状況のなかで、グットマンとシュトラウスは中世哲学と近代哲学の優越性をめぐる新旧論争をしながらも、ドイツの切迫した課題としては歴史主義の危機をともに感じていたはずである。あらゆる規範の相対化をもたらしかねない歴史主義は、やがては人間の秩序を破壊する。シュトラウスはそのようなドイツの窮状を察するかのように、みずからの中世哲学の解釈のなかに権威的な啓示としての法の理解をそっと忍び込ませる。すなわち、規範の普遍妥当性が歴史意識によって揺さぶりをかけられていた時代のなかで、彼はいまいちどキリスト教の伝統とは異なる啓示理解、すなわち法＝律法の理念によって歴史主義を克服しようとしたのではないか。人間は法を必要としている――この端的かつ根本的な事実のうちに、シュトラウスの深く暗いペシミズムが影を落としている。

4　トレルチの後継者シュトラウス？

法か自然か

前節の第三の点で議論した歴史主義の危機について、もうひとつの可能性を示しておきたい。よく知られているように、当時、歴史主義の問題を正面から論じたのがプロテスタント神学者トレルチであった。トレルチは彼の死の前年、「歴史主義の危機」という論文を書いている。「すべてのものを生成の流れのなかに」(Troeltsch 1922c(2002), 437)見る歴史主義は、彼にとって近代の避けられない運命であり、「実践的な生の問題」(Troeltsch 1922c(2002), 451)であった。

当時、多くの人々があらゆる知の「歴史化」のもとにあって、そこからの「出口」を探していた

(Troeltsch 1922c (2002), 437, 451)。カントや新カント主義を引き合いに出しながら「ラディカルな合理主義」へと逃避する者、「ラディカルな学問嫌悪」と「根本的な反歴史主義」のなかに出口を見出す者、「民族的」(völkisch)と呼べるような「ロマン主義的・ゲルマン的な歴史解釈とその利用」を口にする者、そして「カトリシズムの激しく新たな強化」(Troeltsch 1922c (2002), 451-453)——どれもトレルチにとっては「出口」になりえなかった。

トレルチは「歴史学と哲学のひとつの新しい接触」を模索しながら、「歴史主義は理念を、哲学は生を求めている」と書いている(Troeltsch 1922c (2002), 454)。また「福音の人道的意義を歴史の広がりから取り出す」「自由なプロテスタンティズム」(Troeltsch 1922c (2002), 453)が、当時の現実世界のなかで大きな役割を演じることが難しいことを率直に認めながらも、彼はそこに「自由な個人性が歴史的諸勢力と束縛なく結びつきうる安定した普遍的関係」(Troeltsch 1922c (2002), 453)を見出し、宗教の意義と自立性を論じた。価値の歴史化、規範の相対化を引き起こしかねない歴史主義の時代にトレルチは背を向けることなく、そこで「歴史によって歴史を克服する」(Geschichte durch Geschichte überwinden)(Troeltsch 1922b (2008), 1098/(下)四四五)道を探そうとしたのである。

シュトラウスは、名著 *Natural Right and History*——ここでは以後の議論の必要上、原語で表記しておく——の序論においてドイツ思想と西ヨーロッパならびにアメリカの思想の違いを示すために「ひとりのドイツ人学者」の意見としてトレルチを引用している。

……西ヨーロッパがいまなお自然権に決定的な重要性をおいているのに対して、ドイツにおいては「自然権」(natural right)や「ヒューマニティー」(humanity)という言葉そのものが「いまやほとんど理解不可能なものとなり……それらの言葉本来の生命と生彩をまったく失ってしまった」というのである。この学者はさらに続けて、ドイツ思想は自然権という観念を放棄しながら、またそれを放棄することを通して「歴史感覚を創出し」、かくしてついには無制限の相対主義(unqualified relativism)にまで行き着いたと、言う(Strauss 1953, 1-2/一四)。

シュトラウスは一九二三年に出されたトレルチの講演「世界政策における自然法と人間性」(Naturrecht und Humanität in der Weltpolitik)を引用しているのだが、続けてシュトラウスはこの記述がドイツ思想のかなり正確な記述であると言い、「いまや西洋思想一般についても当てはまるように見える」とまで述べるのであった(Strauss 1953, 2/一四)。この引用がトレルチの思想や意図をどれほど正確に反映しているかには疑問が残り、恣意的なものも感じないわけではない。しかし、いずれにせよシュトラウスはトレルチを引き合いに出しながら、「無制限の相対主義」を招いたドイツ思想における歴史感覚の創出、すなわち歴史主義の成立を深く憂慮しているのである。

ここで気になるのは、シュトラウスによるトレルチの書物の扱い方である。シュトラウスはトレルチのドイツ語原文ではなく、英語訳(Troeltsch 1934)を参照せよとしている。シュトラウスが注にあげたトレルチの英語訳(The Ideas of Natural Law and Humanity in World Politics)を読むと、自然法という意味のドイツ語 Naturrecht は natural law と訳されている(Troeltsch 1934, 202)。しかし、シュトラウスは *Natural Right and History* のなかでみずから引用するときには natural law ではなく、natural right として単語の差し替えを行っているのである。ドイツ語の Recht をあらわすのに law ではなく、right を選んだシュトラウスの意図はどこにあるのだろうか。

おそらく Recht にはもちろん「法」や「権利」という意味もあるが、シュトラウスにとってそれ以上に重要だったのは「正(しさ)」「正義」という意味だったはずである。Naturrecht は「自然法」であるが、同時に「自然的正」を示しているのであり、law では不当に意味が狭められる可能性があることを、彼は危惧したのではないだろうか。シュトラウスはまた、こうも書いている。「もし正義(justice)が善きものであるためには、正義を本質的に法(law)から独立したものとして考えなければならない。そこでわれわれは、正義を、すべての人に対して自然(nature)にしたがって、その人にふさわしいものを与える習慣と定義することにしよう」(Strauss 1953, 146-147/二〇三)。

そうであるならば、先にグットマンの反論を手掛かりにしながら、シュトラウスは法としての啓示理解のうちに歴史主義の克服の道を探ったと書いたが、ここでは「自然的正」(natural right)の回復こそ歴史主義を乗り越える道を指し示しているということになる。

「神学・政治的な窮状」

こうして二つの可能性を提示してみたが、シュトラウスがどちらの立場を重視していたかについて、ここで明確な答えを出すことはできないし、これは二者択一の問題ではないのかもしれない。シュトラウスにおける自然と正、神と法の関係は近代のなかで古代人たらんとするシュトラウスの怪異な顔を垣間見せている。ハンス・ヨナス(一九〇三―一九九三)によれば、因習的な家庭で育ったシュトラウスにとって哲学をみずからの基準にすることは容易ではなかったと言う。「哲学することにとって自由が不可欠であり、自由は特定の宗教あるいは啓示、あるいはそもそも一なる神への信仰と両立しない。哲学者でありえるためには無神論者にならねばならない」(ヨナス 二〇一〇、六八)。

果たしてシュトラウスは、自由を求める「精神的必然性」から「無神論者」になったのか。シュトラウスは決断を下したとヨナスは書いているが、同時に彼はある感情から逃れることができなかった。すなわち、「正しさが究極的には証明されえないような何か大事を、彼が始めたという感情である」(ヨナス 二〇一〇、六八)。決断と苦悩のなかで、シュトラウスは何を考えながら神の声に耳を傾けたのだろうか。

これらの事情を踏まえたとしても、シュトラウスがトレルチ的な歴史主義の問題を真剣に考えたという事実に変わりはない。その意味では、トレルチの問題意識を真面目に引き受けたのは、後のプロテスタント神学者たちではなく、ユダヤ人政治哲学者シュトラウスだったのではないだろうか。もちろんトレルチとシュトラウスでは歴史主義に対する方法や態度はまったく異なっているが、トレルチと同じ時代、同じ場所を生きたシュトラウスの思想のなかで歴史主義はつねにアクチュアルな課題として生き続けたのであり、*Natural Right and History* におけるトレルチへの言及がこのことをよく示している。

グットマンが危惧するように、「時代の思考を一般的に支配する形而上学的で非合理主義的な諸傾向」がドイツを席巻し、そしてシュトラウスが不満を漏らすように、「無制限の相対主義」がドイツに重くのしかかっていた。この困難な状況のなかで、アテネとエルサレム――すなわち自然的正と神の啓示＝法――はユダヤ教の宗教哲学をめぐる対立を契機としながら、ふたたびアクチュアルな都市として息を吹き返す。

どちらが古代人（中世人）をよく理解できているかをめぐって、グットマンとシュトラウスのあいだには解釈学的・方法論的な対立が生じた。しかし、同時にそのなかで二人は切迫したドイツの状況を目の当たりにして、自分たちに刻印されている近代性やユダヤ性も強く意識したはずであり、それはシュトラウスの言葉を借りれば、二人が「神学・政治的な窮状」（Strauss 1965（1995）, 224／三四五）に巻き込まれていたことを意味する。「ユダヤ教の哲学における古代人たちと近代人たちの論争」は野蛮に転落していく時代を舞台にして、グットマンとシュトラウスによって再演されたが、果たして次に誰がその幕を開けることになるのだろうか。

終章

二つの偉大な廃墟

理性の天使と歴史の天使

ヴァルター・ベンヤミン

エマニュエル・レヴィナス

ドイツ・ユダヤ人はドイツ性とユダヤ性の幸福な結婚を信じながら、理性の、そしてユダヤ教の普遍性を体現しようとした。しかし、これは同時にみずからのアイデンティティを切り詰めていくような行為でもあったはずである。考えていた以上にアテネとエルサレムのあいだで生きることは難しかったし、時代は二つの偉大な都市を二つの偉大な廃墟に変えてしまった。〈ドイツ・ユダヤ思想の光芒＝攻防〉は、一体何をわれわれに残してくれたのか。

「ヨーロッパとはなんだろうか。それは聖書とギリシャ人たちである」(レヴィナス 一九九三、二二二)――エマニュエル・レヴィナス(一九〇六―一九九五)はそう述べた。古代以来、神と理性の力は人間の世界を進撃し続けたが、それはどちらも人類における奇跡とも言えるような影響力を持ったのであった。おそらくこれほどまでに人間の生活を形作り、変容させ、そしてときに瓦解させた強烈な文化を他に見つけることはできないだろう。

本書はアテネとエルサレムの名のもとで、〈自律した理性の光に導かれる生き方〉と〈超越的な神の声にしたがう生き方〉を象徴させながら、ドイツ・ユダヤ思想史を叙述することを目的とした。ただ、その内容はユダヤの側からアテネやドイツを展望することに重点がおかれていたことも、つけ加えておきたい。

前章のシュトラウスとグットマンの解釈論争でも示唆されたように、彼らを待ち受けていたのは想像を絶した悪の到来、秩序の混乱、そして亡命という過酷な現実であった。ドイツ・ユダヤ人はナチスによるアウシュヴィッツの悲劇を目の当たりにしたが、グットマンは『ユダヤ教の哲学』の英語版を次のような暗鬱な言葉で締めくくり、ドイツ・ユダヤ思想史の終焉ともとれる発言を残している。

> ……ローゼンツヴァイクの思想は、一般的な哲学の観点からもユダヤ教の観点からも体系的に解明されることはなかった。というのも、ヨーロッパのユダヤ人社会、とくにドイツのユダヤ人社会(ドイツのユダヤ人社会は、メンデルスゾーンの時代以降ユダヤ宗教哲学の中心であった)のナチによる破壊ゆえに、哲学を完成する新たな世代がいなくなってしまったからだ。哲学と係わる、古き世代に属する何人かの思想家はいたが、彼らは弟子をまったくもたなかった。一九世紀末の十年間に刷新されたユダヤ哲学はいまやそのどん底に至った。仮にユダヤ哲学が復興してその仕事を継続するとしても、それはまったく新しい条件下で発展しなければならないだろう(Guttmann 1964, 397/三九六―三九七)。

たしかにドイツで活躍していた多くの重要なユダヤ人思想家はその地を離れ、アメリカへ亡命した。彼らはドイツが敗戦を迎えたのち、そのままアメリカに残って活動する者やふたたびドイツに戻った者に分かれたのであった。戦後もさまざまな影響力を行使しながら、彼らはみずからに降りかかった悪を解釈し、そしてヨーロッパ近代や伝統的なユダヤ教に対する厳しい批判もくり返した。アドルノとホルクハイマーは〈啓蒙の自己破壊〉を、シュトラウスは〈合理的哲学の自己破壊〉を宣告し、ヨナスは〈全能なる神の概念の棄却〉を申し出なければならなかったのである。アテネとエルサレムのあいだで生きたドイツ・ユダヤ人にとって、この二つの偉大な都市は破局を潜り抜けた後には、二つの偉大な廃墟として立ちあらわれたと言えるかもしれない。

しかし、それにしても都市とは何か。ベルリンのユダヤ博物館の設計者ダニエル・リベスキンド（一九四六―）は、都市について興味深い議論を展開している。

> 都市は人間が生み出すもっとも巨大な芸術的精神的創造物である。それは空間のみならず時間の中にもまた存在する集団的創造物である。その構造は本質的に謎めいている（リベスキンド　一九九五、三六　傍点引用者）。

都市とはある空間を占める創造物のみならず、時間のなかでも生成している歴史的創造物であることをリベスキンドは書いている。彼は、ベルリンを例にして、その迷宮にもなりうる謎めいた都市を論じている。

リベスキンドはベルリンのアレクサンダー広場の開発に言及する際、「公共スペース」という言葉を使う。彼によれば、公共スペースにとって重要なのは「漸進的な変容、つまり何もかもが完全なものとなる未来における仮定的な時点を設定せずに徐々に変貌を遂げていくプロセスというもの」（リベスキンド　一九九五、三五）である。しかし、他のプランナーや建築家たちは五〇年後にアレクサンダー広場は完全なものになると信じている。そこにあるのは「全体性」や「究極性」といった意味を含む「マスタープラン」であり、彼はそれを「ニヒリズム的な概念」だと喝破する。リベスキンドは、「類型や定型の反復を通じてあらゆるプランが目指すと思われる同一物の回帰という野心」に代わりうるプロセスを探す(リベスキンド 一九九五、三五—三六)。

ローゼンツヴァイクも、全体性という観念を心底嫌ったユダヤ人思想家のひとりであった。ヘーゲルを徹底的に批判し、断片的なものを愛好し、次のように宣言するのであった。「われわれはすべてを粉砕した。いまや、それぞれの破片がそれ自体でひとつのすべてである」(Rosenzweig 1921(1976), 28/三七)。この思想史的系譜にはアドルノやレヴィナスの名前を連ねることもできるし、二〇世紀のユダヤ人思想家たちの多くが思想的にも実存的にも「全体性」の暴力と戦ったはずである。

本質的に都市は謎めいており、完結することをつねに拒む場所である。リベスキンドはベルリンを例にあげながらそう論じるが、この内容はアテネやエルサレムという都市、そしてそこで生まれた文化にも当てはまるだろう。哲学における真理への洞察、ユダヤ教におけるメシア到来の予感——どちらの文化にも内在しているはずの非完結性と開放性は〈探求的態度〉や〈メシア的希望〉と呼ばれ、多くの人々の心を魅了してきたと言える。

しかし、すでに本書で論じたようにシオニズム——正確に言えば、政治的シオニズム——はユダヤ人のディアスポラを非本来的な状態とし、ひたすら救済の完成を人間の力によって目指そうとした運動であった。このようなシオニズムにローゼンツヴァイクは反対したし、同時に「どんな哲学も「本質」を問うた」(Rosenzweig 1925b(1984), 143/一八二)と書いたように、彼はあらゆる事物に対して「それは本来何であるか」と問い、その背後にある一なる本質を完全に理解したいという哲学的強迫症にも抵抗したのであった。哲学は目の前の現実を受け取ることなく、つねに背後に回ろうとするが、「経験」はそうではないと言う。

> 経験はどれほど深く食い入ろうとも、人間のなかにはくり返し人間的なものだけを発見し、世界のなかには世界的なものだけを、そして神のなかには神的なものだけを発見する。そして、神のなかにのみ神的なものを、世界のなかにのみ世界的なものを、人間のなかにのみ人間的なものを発見する。哲学の終焉？（Finis Philosophiae?）もし哲学が終焉を迎えるのであれば、哲学にとってますます困ったことだろう！　しかし、わたしはそれが大変悪い結果を招くとは思わない。むしろ、哲学が確実にその思考の終わりを迎えるこの点で、経験する哲学をはじめることができる（Rosenzweig 1925b(1984), 144／一八三）。

この言葉を反芻するかのように、レヴィナスは次のように書いている。

> 哲学の終焉は、哲学がまだはじまっていなかった時代、哲学することができなかった時代への回帰ではなく、哲学が哲学者を通じて明らかにされるのではない以上、すべてが哲学であるような時代のはじまりです（レヴィナス　二〇〇八a、二四四）。

哲学の終焉はすべてが哲学の対象となる時代の幕開けであり、観念からではなく、経験からはじまる哲学の時代が到来する。経験のなかで完成はつねに先延ばしにされるが、人間はその未完結性のうちに自由な空間を見つけることができる。アテネとエルサレムが度重なる対立のなかで変容を被ったとしても、そして結果的に目の前に廃墟が広がったとしても、二つの偉大な都市が人々の想像力をかきたてることをやめたわけではない。なぜなら、そこで提起されていた問題群はいつの時代であっても、人間の文化や生活に対して重大な問いを投げかけており、人間に確実性をもたらすこともあれば、硬直した観念を打ち砕くこともあるような問いの集合体だからである。

ところで、アテネに天使はいるのだろうか——唐突に何を言うのかと思われたかもしれないが、レヴィナスはユダヤ教との関連で理性の天使について語っている。

> ユダヤ人たちは、フランス解放以降、〈理性〉の天使と格闘している。この天使はしばしばユダヤ人たちの心を引きつけてきたもので、二世紀前からはユダヤ人たちをとらえて放さない。ヒトラー主義の経験と同化への失望にもかかわらず、生の偉大な使命が普遍的で等質な社会の呼び声として響き渡っている(レヴィナス 二〇〇八b、二七九)。

近代ユダヤ人は、同化を勧める理性の天使と格闘している。いや、ディアスポラのユダヤ教はみずから対立していると思い込んでいる世界と、もはや対立すらしていないのかもしれない。「〈理性〉によって特権的啓示の弔鐘が鳴らされるとき、この鐘の音はセイレンの歌のようにひとを引きつけるのではないか」（レヴィナス 二〇〇八b、二八〇）。いつの時代でも、ユダヤ人にとってアテネは魅力的な都市であった。「われわれの眼前では暴力と狂気が繰り広げられているにもかかわらず、われわれは哲学の時代に生きている。活動の際、人々は自分に理があるという確信によって支えられている」（レヴィナス 二〇〇八b、二七七）。「理性は、人間の不透明性を透明にするすばらしい太陽のように上昇する」。そして、そこにいるのは「影を失った人間たち！」である（レヴィナス 二〇〇八b、二七八）。

しかし、ユダヤ教は近代世界のなかに埋没し、アテネに住む理性の天使の誘惑に惑わされ続けてきたわけではない。むしろ、時代のなかでみずからが普遍性へと解消されない存在であることも十分に知っていた。

> ユダヤ教とは、その時代との一致における不一致である。根源的な意味での時代錯誤であり、現実に注目しこれを変えずにはいられない若さと、すべてを目にし、物事の起源まで遡行する老年との同時性である。自己の時代に順応するという配慮は、人間にとっての至上命令ではなく、近代主義そのものに特有の表れである。それは内面性や真理の放棄であり、死の甘受であり、卑しい精神の持ち主にとっては享受における満足である。一神教とその道徳的啓示は、あらゆる神話を超えて、人間に最も重要な時代錯誤の具体的遂行となっている（レヴィナス 二〇〇

八b、二八三 傍点引用者)。

レヴィナスによれば、ユダヤ教は「時代錯誤」であり、現実を変える運動とすべての起源にさかのぼろうとする運動によって特徴づけられている。たしかにローゼンツヴァイクは苦境に陥っている近代ユダヤ人の現実を教育によって変えようとしたし、グットマンとシュトラウスはそれぞれの方法で啓示の根源にまで立ち返って、その意味を明らかにしようとした。本書で考察したように、ユダヤ教はときには過剰なほど時代に順応しようとし、理性の天使の誘惑に耐えることができなかった。それでもなお、コーエンであれブーバーであれ、ユダヤ教のメシアニズムを放棄することはなく、もうひとつの彼らなりの近代世界を描き出そうと努力したのであり、そのようなユダヤ的近代を前にして理性の天使は何をささやくのだろうか。あるいは、沈黙を守るしかないのだろうか。

普遍的で等質的な社会を目指す天使がいれば、そんなものには目もくれない天使もいる。ベンヤミンはそれを「歴史の天使」と呼んだ。この天使はひたすら過去の方を向き、破局を見つめている。ベンヤミンの天使にとって歴史とは、楽園から吹きつける進歩の風を一身に受けながらも、天に向けてひたすら瓦礫のうえに瓦礫を積み重ねていくことである。「きっと彼は、なろうことならそこにとどまり、死者たちを目覚めさせ、破壊されたものを寄せ集めて繋ぎ合せたいのだろう」(Benjamin 1940(1978), 697/六五三)と、ベンヤミンは歴史の天使の心中を慮る。

本章の冒頭で引用したように、グットマンはヒトラーによるドイツ・ユダヤ人社会の破壊によって「一九世紀末の十年間に刷新されたユダヤ哲学はいまやそのどん底に至った」と嘆き、結果的に理性と神の権威が失墜したことでアテネとエルサレムはすっかり変貌してしまった。しかし、この二つの偉大な都市／廃墟はいまだそのアクチュアルな力を衰えさせたわけではなく、ハーバーマスがこの問題を「ポスト世俗化社会」論として展開していることは周知の事実であり、生命倫理の分野では新たなアテネとエルサレムの問題が論じられていると理解することもできる。

本書ではアテネとエルサレムの関係を根本モチーフとしながら、〈ドイツ・ユダヤ思想の光芒〉が照らす道筋を追いかけてみたが、この二つの偉大な都市／廃墟のあいだにはさまざまな出会い方があったことがわかる。その意味では、本書が重視したのは出会った後の結果——対立や和解——というよりも、むしろ出会いと別れのプロセスの方であったと言えよう。

ドイツ・ユダヤ思想は理性の天使と格闘しながら、最終的には破局に見舞われたことで歴史の天使が見つめる瓦礫のうえに廃墟を築いたのかもしれない。しかし、たとえそうであっても、廃墟には過去に生きた人々の声が響いている。そして、その死者の声を聞き届け、時代のなかにその残響と共鳴を探るような孤独な作業が思想史の課題であることに変わりはないはずである。もしこれが正しいのであれば、二つの偉大な都市／廃墟から到来する声を聞きとめ、わが国のすぐれたドイツ・ユダヤ思想史研究の余白に何事かを書き加えることができるかどうかは、われわれの思想史的感性、人文学的知性、そして「時代錯誤」であることを大胆に受け入れる勇気にかかっているのではないだろうか。

参考文献一覧

• 引用あるいは参照した文献については、参考文献一覧にしたがって本文中に該当箇所を指示した。外国語文献のなかでも参照した邦訳については該当箇所を「／」のあとに漢数字で示した。
• 邦訳からは多大な恩恵を受けたが、文脈や用語の統一の観点から適宜訳文に手を加えている（また邦訳と当該文献の版が異なっている場合もある）。邦訳者にはお詫びとともに心より感謝申し上げたい。なお引用文中の［ ］は佐藤による補足である。

外国語文献

Adunka, Evelyn 2003, "Jakob Klatzkin." in *Metzler Lexikon Jüdischer Philosophen. Philosophisches Denken des Judentums von der Antike bis zur Gegenwart*, Verlag J.B. Metzler.
Aschheim, Steven E. 1992, *The Nietzsche Legacy in Germany 1890–1990*. University of California Press.
Bamberger, Fritz 1960, "Julius Guttmann-Philosopher of Judaism." *Leo Baeck Institute Year Book* V.
Batnitzky, Leora 2006, *Leo Strauss and Emmanuel Levinas: Philosophy and the Politics of Revelation*. Cambridge University Press.
——2011, *How Judaism Became a Religion. An Introduction to Modern Jewish Thought*. Princeton University Press.
Benjamin, Walter 1940（1978）, "Über den Begriff der Geschichte." in *Gesammelte Schriften I-2*, herausgegeben von Rolf Tiedemann und Hermann Schweppenhäuser. Suhrkamp Verlag（「歴史の概念に

ついて」『ベンヤミン・コレクション1』浅井健二郎［編訳］、久保哲司［訳］、筑摩書房（ちくま学芸文庫）、一九九五年）。

Berl, Heinrich 1932, "Nietzsche und das Judentum." *Menorah* 10.

Biemann, Asher D. 2001, "The Problem of Tradition and Reform in Jewish Renaissance and Renaissancism." *Jewish Social Studies*, Vol. 8 Issue 1 (Fall).

Brenner, Michael 1996, *The Renaissance of Jewish Culture in Weimar Germany*. Yale University Press.

———1998, "Turning Inward. Jewish Youth in Weimar Germany." in *In Search of Jewish Community. Jewish Identities in Germany and Austria, 1918–1933*, edited by Michael Brenner and Derek J. Penslar. Indiana University Press.

Buber, Martin 1900 (2001), "Ein Wort über Nietzsche und die Lebenswerte." in *Martin Buber Werkausgabe 1, Frühe kulturkritische und philosophische Schriften 1891–1924*, bearbeitet, eingeleitet und kommentiert von Martin Treml. Gütersloher Verlagshaus.

———1901 (2007), "Juedische Renaissance." in *Martin Buber Werkausgabe 3, Frühe jüdische Schriften 1900–1922*, herausgegeben, eingeleitet und kommentiert von Barbara Schäfer. Gütersloher Verlagshaus.

———1911 (2007), "Drei Reden über das Judentum." in *Martin Buber Werkausgabe 3, Frühe jüdische Schriften 1900–1922*, herausgegeben, eingeleitet und kommentiert von Barbara Schäfer. Gütersloher Verlagshaus.

———1916a (2007), "Die Losung." in *Martin Buber Werkausgabe 3, Frühe jüdische Schriften 1900–1922*, herausgegeben, eingeleitet und kommentiert von Barbara Schäfer. Gütersloher Verlagshaus.

———1916b (2002), "Begriffe und Wirklichkeit. Brief an Herrn Geh. Regierungsrat Prof. Dr. Hermann Cohen." in *Hermann Cohen Werke*, Band 17. Kleinere Schriften VI 1916–1918, bearbeitet und eingeleitet von Hartwig Wiedebach. Georg Olms Verlag.

——1916c (2002), "Zion, der Staat und die Menschheit. Bemerkungen zu Hermann Cohens „Antwort"." in *Hermann Cohen Werke*, Band 17. Kleinere Schriften VI 1916–1918, bearbeitet und eingeleitet von Hartwig Wiedebach. Georg Olms Verlag.

——1916d (2007), "Renaissance und Bewegung." in *Martin Buber Werkausgabe 3, Frühe jüdische Schriften 1900–1922*, herausgegeben, eingeleitet und kommentiert von Barbara Schäfer. Gütersloher Verlagshaus.

——1972, *Briefwechsel aus sieben Jahrzehnten I: 1897–1918*. Verlag Lambert Schneider.

——1986, *Begegnung. Autobiographische Fragmente*, mit einem Nachwort von Albrecht Goes, 4., durchgesehene Auflage. Verlag Lambert Schneider.

Casper, Bernhard 2002, *Das Dialogische Denken. Franz Rosenzweig, Ferdinand Ebner und Martin Buber*. Verlag Karl Alber.

"Chronik" 1920, *Korrespondenzblatt des Vereins zur Gründung und Erhaltung einer Akademie für die Wissenschaft des Judentums*, 1. Jahrgang.

Cohen, Hermann 1907 (1981), *Ethik des reinen Willens*, Hermann Cohen Werke, Band 7. System der Philosophie, 2. Teil Ethik des reinen Willens. Georg Olms Verlag.

——1910 (2009), "Innere Beziehungen der Kantischen Philosophie zum Judentum." in *Hermann Cohen Werke*, Band 15. Kleinere Schriften IV 1907–1912, bearbeitet und eingeleitet von Hartwig Wiedebach. Georg Olms Verlag.

——1915a (1924), "Deutschtum und Judentum." in *Hermann Cohens Jüdische Schriften*, Zweiter Band. C. A. Schwetschke Verlag.

——1915b (1924), "Spinoza über Staat und Religion, Judentum und Christentum." in *Hermann Cohens Jüdisches Schriften*, Dritter Band. C. A. Schwetschke Verlag.

——1916a (2002), "Das soziale Ideal bei Platon und den Propheten." in *Hermann Cohen Werke*, Band 17.

Kleinere Schriften VI 1916–1918, bearbeitet und eingeleitet von Hartwig Wiedebach. Georg Olms Verlag.

———1916b (2002), "Zionismus und Religion. Ein Wort an meine Kommilitonen jüdischen Glaubens." in *Hermann Cohen Werke*, Band 17. Kleinere Schriften VI 1916–1918, bearbeitet und eingeleitet von Hartwig Wiedebach. Georg Olms Verlag.

———1916c (2002), "Antwort auf das offene Schreiben des Herrn Dr. Martin Buber an Hermann Cohen." in *Hermann Cohen Werke*, Band 17. Kleinere Schriften VI 1916–1918, bearbeitet und eingeleitet von Hartwig Wiedebach. Georg Olms Verlag.

———1918 (1924), "Zur Begründung einer Akademie für die Wissenschaft des Judentums." in *Hermann Cohens Jüdische Schriften*, Zweiter Band. C. A. Schwetschke Verlag.

———1919, *Die Religion der Vernunft aus den Quellen des Judentums*, Gustav Fock G. m. b. H.

Cohen, Jonathan 2007, *Philosophers and Scholars. Wolfson, Guttmann and Strauss on the History of Jewish Philosophy*. Lexington Books.

Elbogen, Ismar 1930, "Franz Rosenzweig und die Akademie." *Der Orden Bne Briss. Mitteilungen der Großloge für Deutschland*, Nr. 3.

Fuchs, Eugen 1919, "Was nun?" *Neue Jüdische Monatshefte*, Heft 7/8 (10. /25. Januar).

Glatzer, Nahum N. 1978, "The Frankfort Lehrhaus." in *Essays in Jewish Thought*. University of Alabama Press.

Gordon, Peter Eli 2003, *Rosenzweig and Heidegger: Between Judaism and German Philosophy*. University of California Press.

Green, Kenneth Hart 1991, ""In the Grip of the Theological-Political Predicament": The Turn to Maimonides in the Jewish Thought of Leo Strauss." in *Leo Strauss's Thought. Toward a Critical Engagement*, edited by Alan Udoff. Lynne Rienner Publishers.

Guttmann, Julius 1922, “Religion und Wissenschaft im mittelalterlichen und im modernen Denken.” *Festschrift zum fünfzigjärigen Bestehen der Hochschule für die Wissenschaft des Judentums in Berlin.*

——1924, “Bericht des wissenschaftlichen Vorstandes über das Jahr 1922/23.” *Korrespondenzblatt des Vereins zur Gründung und Erhaltung einer Akademie für die Wissenschaft des Judentums*, 4/5. Jahrgang.

——1925, “Bericht des wissenschaftlichen Vorstands.” *Korrespondenzblatt des Vereins zur Gründung und Erhaltung einer Akademie für die Wissenschaft des Judentums*, 6. Jahrgang.

——1929, “Franz Rosenzweig.” *Korrespondenzblatt des Vereins zur Gründung und Erhaltung einer Akademie für die Wissenschaft des Judentums*, 10. Jahrgang.

——1933, *Die Philosophie des Judentums*. Verlag Ernst Reinhardt.

——1964, *Philosophies of Judaism. The History of Jewish Philosophy from Biblical Times to Franz Rosenzweig*, introduction by R. J. Zwi Werblowsky, translated by David W. Silverman. Holt, Rinehart and Winston（『ユダヤ哲学——聖書時代からフランツ・ローゼンツヴァイクに至る』合田正人［訳］、みすず書房、二〇〇〇年）。

——1976, “Philosophie der Religion oder Philosophie des Gesetzes?” *Proceedings of the Israel Academy of Sciences and Humanities* V 6.

Habermas, Jürgen 1988, *Nachmetaphysisches Denken. Philosophische Aufsätze*. Suhrkamp Verlag（『ポスト形而上学の思想』藤澤賢一郎・忽那敬三［訳］、未來社、一九九〇年）。

——2009, “Vorpolitische Grundlagen des demokratischen Rechtsstaates.” in *Zwischen Naturalismus und Religion*. Suhrkamp Verlag（「民主主義的法治国家における政治以前の基盤」『ポスト世俗化時代の哲学と宗教』フロリアン・シュラー［編］、三島憲一［訳］、岩波書店、二〇〇七年）。

——2012, “Religion in der Öffentlichkeit der »postsäkularen« Gesellschaft.” in *Nachmetaphysisches Denken II. Aufsätze und Repliken*. Suhrkamp Verlag.

Hartmann, Hans 1932, “Der Spinozakongreß 1932.” *Philosophisches Jahrbuch der Görres-Gesellschaft* 45, 4.

Heinemann, Isaac 1925, "Der Begriff des Übermenschen in der jüdischen Religionsphilosophie." *der Morgen* 1 (April).

Hoffmann, Christhard 1993, "Jüdisches Lernen oder judaistische Spezialwissenschaft? Die Konzeptionen Franz Rosenzweigs und Eugen Täublers zur Gründung der „Akademie für die Wissenschaft des Judentums" (mit drei unveröffentlichten Briefen Rosenzweigs)." *Zeitschrift für Religions-und Geistesgeschichte* 45, Heft 1.

Hollander, Dana 2006, "Buber, Cohen, Rosenzweig, and the Politics of Cultural Affirmation." *Jewish Studies Quarterly*, Vol. 13.

Hotam, Yotam 2013, *Modern Gnosis and Zionism. The Crisis of Culture, Life Philosophy and Jewish National Thought*, translated by Avner Greenberg. Routledge.

Kern-Ulmer, Brigitte 1990, "Franz Rosenzweig's Jüdisches Lehrhaus in Frankfurt: A Model of Jewish Adult Education." *Judaism*, Vol. 39 Issue 2.

Klatzkin, Jakob 1921a, "Persönlichkeit und Methode. Eine Würdigung." in *Hermann Cohen*, zweite, erweiterte Auflage. Jüdischer Verlag Berlin.

———1921b, "Deutschtum und Judentum. Eine Besprechung." in *Hermann Cohen*, zweite, erweiterte Auflage. Jüdischer Verlag Berlin.

———1927, "Mißverständnisse in und um Spinoza." *Jüdische Rundschau* 32, Nummer 24.

Koch, Richard 1923, "Das Freie Jüdische Lehrhaus in Frankfurt am Main." *Der Jude* 7.

Kohr, Jörg 2008, *» Gott selbst muss das letzte Wort sprechen... « Religion und Politik im Denken Franz Rosenzweigs*. Verlag Karl Alber.

Lappin, Eleonore 2000, *Der Jude 1916–1928: jüdische Moderne zwischen Universalismus und Partikularismus*. Mohr Siebeck.

———2001, "*Der Jude*–Jewish Renaissance in Central Europe." in *Berlin-Wien-Prag. Moderne, Minderheiten und Migration in der Zwischenkriegszeit*, herausgegeben von Susanne Marten-Finnis, Matthias Uecker. Peter Lang.

Lazier, Benjamin 2008, *God Interrupted. Heresy and the European Imagination between the World Wars.* Princeton University Press.

Liebeschütz, Hans 1960, "Hermann Cohen und Spinoza." *Bulletin für die Mitglieder der Gesellschaft der Freunde des Leo Baeck Instituts* 12.

Löwith, Karl 1968, *Philosophie der Vernunft und Religion der Offenbarung in H. Cohens Religionsphilosophie.* Sitzungsberichte der Heidelberger Akademie der Wissenschaften(「ヘルマン・コーヘンの宗教哲学における理性の哲学と啓示の宗教」『ヘーゲルからハイデガーへ』村岡晋一・瀬嶋貞徳・平田裕之〔訳〕、作品社、二〇〇一年)。

Margulies, Heinrich 1915, "Der Krieg des Zurückbleibenden." *Juedische Rundschau*, 5. Februar.

Meier, Heinrich 2011, "Why Leo Strauss? Four Answers and One Consideration concerning the Uses and Disadvantages of the School for the Philosophical Life." in *Modernity and What has been Lost. Considerations on the Legacy of Leo Strauss*, edited by Pawel Armada and Arkadiusz Górnisiewicz. Jagiellonian University Press.

Mendes-Flohr, Paul 1989, *From Mysticism to Dialogue: Martin Buber's Ttransformation of German Social Thought.* Wayne State University Press.

——1997a, "Im Schatten des Weltkrieges." in *Deutsch-Jüdische Geschichte in der Neuzeit. Band IV Aufbruch und Zerstörung 1918–1945*, von Avraham Barkai und Paul Mendes-Flohr mit einem Epilog von Steven M. Lowenstein. Verlag C. H. Beck.

——1997b, "Zarathustra's Apostle. Martin Buber and the Jewish Renaissance." in *Nietzsche and Jewish Culture*, edited by Jakob Golomb. Routledge.

——1999, "Wissensbilder. In modernen jüdischen Denken." in *Wissensbilder. Strategien der Überlieferung,*

herausgegeben von Ulrich Raulff und Gary Smith. Akademie Verlag.
Mendieta, Eduardo 2011, "Rationalization, Modernity and Secularization." in *Jürgen Habermas. Key Concepts*, edited by Barbara Fultner. Acumen.
Meyer, Thomas/Zank, Michael 2012, "More Early Writings by Leo Strauss from the jüdische Wochenzeitung für Cassel, Hessen und Waldeck (1925–1928)." *Interpretation*, Volume 39, Issue 2.
Mosès, Stéphane 1988, "Politik und Religion. Zur Aktualität Franz Rosenzweigs." in *Der Philosoph Franz Rosenzweig (1886-1929): Internationaler Kongreß-Kassel 1986. Bd. II: Das neue Denken und seine Dimensionen*, herausgegeben von Wolfdietrich Schmied-Kowarzik. Verlag Karl Alber.
Myers, David N. 1992, "The Fall and Rise of Jewish Historicism: The Evolution of the Akademie für die Wissenschaft des Judentums (1919–1934)." *Hebrew Union College Annual*, Vol. 63.
"Ost und West." 1901, *Ost und West*, Heft 1.
"Ost und West." 1902, *Ost und West*, Heft 1.
Pollock, Benjamin 2004, "From Nation State to World Empire: Franz Rosenzweig's Redemptive Imperialism." *Jewish Studies Quarterly*, Vol. 11.
Putnam, Hilary 2008, *Jewish Philosophy as a Guide to Life: Rosenzweig, Buber, Levinas, Wittgenstein*. Indiana University Press（『導きとしてのユダヤ哲学——ローゼンツヴァイク、ブーバー、レヴィナス、ウィトゲンシュタイン』佐藤貴史〔訳〕、法政大学出版局、二〇一三年）。
Rehm, Walther 1929, "Der Renaissancekult um 1900 und seine Überwindung." *Zeitschrift für Deutsche Philologie* (54).
Reinharz, Jehuda 1975, *Fatherland or Promised Land. The Dilemma of the German Jew, 1893–1914*. University of Michigan Press.
Rinott, Chanoch 1974, "Major Trends in Jewish Youth Movements in Germany." *Leo Baeck Institute Yearbook* 19.

Rosenzweig, Franz 1916 (1984), "Paralipomena." in *Der Mensch und sein Werk: Gesammelte Schriften III: Zweistromland: Kleinere Schriften zu Glauben und Denken*, herausgegeben von Reinhold und Annemarie Mayer. Martinus Nijhoff.

——1917a (1984), "Zeit ists... (Ps. 119, 126). Gedanken über das jüdische Bildungsproblem des Augenblicks." in *Der Mensch und sein Werk: Gesammelte Schriften III: Zweistromland: Kleinere Schriften zu Glauben und Denken*, herausgegeben von Reinhold und Annemarie Mayer. Martinus Nijhoff.

——1917b (1984), "Nordwest und Südost." in *Der Mensch und sein Werk: Gesammelte Schriften III: Zweistromland: Kleinere Schriften zu Glauben und Denken*, herausgegeben von Reinhold und Annemarie Mayer. Martinus Nijhoff（マケドニクス〔フランツ・ローゼンツヴァイク〕「北西と南東」佐藤貴史［訳］、『思想』第一〇五六号、岩波書店、二〇一二年）。

——1917c (1984), "Globus. Studien zur weltgeschichtlichen Raumlehre." in *Der Mensch und sein Werk: Gesammelte Schriften III: Zweistromland: Kleinere Schriften zu Glauben und Denken*, herausgegeben von Reinhold und Annemarie Mayer. Martinus Nijhoff.

——1920a (1984), "Bildung und kein Ende (Pred. 12, 12). Wünsche zum jüdischen Bildungsproblem des Augenblicks insbesondere zur Volkshochschulfrage." in *Der Mensch und sein Werk: Gesammelte Schriften III: Zweistromland: Kleinere Schriften zu Glauben und Denken*, herausgegeben von Reinhold und Annemarie Mayer. Martinus Nijhoff.

——1920b (1984), "Neues Lernen." in *Der Mensch und sein Werk: Gesammelte Schriften III: Zweistromland: Kleinere Schriften zu Glauben und Denken*, herausgegeben von Reinhold und Annemarie Mayer. Martinus Nijhoff.

——1920c (2010), *Hegel und der Staat*, herausgegeben von Frank Lachmann, mit einem Nachwort von Axel Honneth. Suhrkamp Verlag.

——1921 (1976), *Der Stern der Erlösung*, Der Mensch und sein Werk: Gesammelte Schriften II, mit einer

Einführung von Reinhold Mayer. Martinus Nijhoff（『救済の星』村岡晋一・細見和之・小須田健［訳］、みすず書房、二〇〇九年）。

——1925a (1984), "Das Freie Jüdisches Lehrhaus. Einleitung für ein Mittelungsblatt." in *Der Mensch und sein Werk: Gesammelte Schriften III: Zweistromland: Kleinere Schriften zu Glauben und Denken*, herausgegeben von Reinhold und Annemarie Mayer, Martinus Nijhoff.

——1925b (1984), "Das neue Denken. Einige nachträgliche Bemerkungen zum "Stern der Erlösung"." in *Der Mensch und sein Werk: Gesammelte Schriften III: Zweistromland: Kleinere Schriften zu Glauben und Denken*, herausgegeben von Reinhold und Annemarie Mayer. Martinus Nijhoff（「新しい思考——『救済の星』に対するいくつかの補足的な覚書」合田正人・佐藤貴史［訳］、『思想』第一〇一四号、二〇〇八年）。

——1929 (1984) "Über den Vortrag Hermann Cohens "Das Verhältnis Spinozas zum Judentum"." in *Der Mensch und sein Werk: Gesammelte Schriften III: Zweistromland: Kleinere Schriften zu Glauben und Denken*, herausgegeben von Reinhold und Annemarie Mayer. Martinus Nijhoff.

——1979a, *Der Mensch und sein Werk: Gesammelte Schriften I: Briefe und Tagebücher. 1Band. 1900–1918*, herausgegeben von Rachel Rosenzweig und Edith Rosenzweig-Scheinmann unter Mitwirkung von Bernhard Casper. Martinus Nijhoff.

——1979b, *Der Mensch und sein Werk: Gesammelte Schriften I: Briefe und Tagebücher. 2Band. 1918–1929*, herausgegeben von Rachel Rosenzweig und Edith Rosenzweig-Scheinmann unter Mitwirkung von Bernhard Casper. Martinus Nijhoff.

——2002, *Die "Gritli"-Briefe: Briefe an Margrit Rosenstock-Huessy*, herausgegeben von Inken Rühle und Reinhold Mayer, mit einem Vorwort von Rafael Rosenzweig, BILAM Verlag.

Scharbaum, Heike 2000, *Zwischen zwei Welten: Wissenschaft und Lebenswelt am Beispiel des deutsch-jüdischen Historikers Eugen Täubler(1879-1953)*. Lit Verlag.

Schivelbusch, Wolfgang 1985, *Intellektuellendämmerung. Zur Lage der Frankfurter Intelligenz in den zwanziger Jahren*. Suhrkamp Verlag(『知識人の黄昏』初見基［訳］、法政大学出版局、一九九〇年)。

Scholem, Gershom 1917, "Jüdische Jugendbewegung." *Der Jude*, Heft 12, März.

———1970a, "Wider den Mythos vom deutsch-jüdischen »Gespräch«." in *Judaica 2*. Suhrkamp Verlag(「ドイツ人とユダヤ人との〈対話〉という神話に反対して」『ユダヤ主義と西欧』高尾利数［訳］、河出書房新社、一九七三年)。

———1970b, "Martin Bubers Auffassung des Judentums." in *Judaica 2*. Suhrkamp Verlag(「マルティン・ブーバーのユダヤ教理解」『ユダヤ主義と西欧』高尾利数［訳］、河出書房新社、一九七三年)。

———1975, *Walter Benjamin-die Geschichte einer Freundschaft*. Suhrkamp Verlag(『わが友ベンヤミン』野村修［訳］、晶文社、一九七八年)。

———1976, "With Gershom Scholem: An Interview." in *On Jews and Judaism in Crisis. Selected Essays*, edited by Werner J. Dannhauser. Schocken Books.

———1977, *Von Berlin nach Jerusalem. Jugenderinnerungen*. Suhrkamp Verlag(『ベルリンからエルサレムへ——青春の思い出』岡部仁［訳］、法政大学出版局、一九九一年)。

———1988, "Franz Rosenzweig and His Book *The Star of Redemption*." in *The Philosophy of Franz Rosenzweig*, edited by Paul Mendes-Flohr. University Press of New England.

Schweid, Eliezer 1990, "Religion and Philosophy: The Scholarly-Theological Debate between Julius Guttmann and Leo Strauss." in *Maimonidean Studies*, edited by Arthur Hyman, Volume 1. Yeshiva University Press.

Sheppard, Eugene R. 2006, *Leo Strauss and the Politics of Exile: The Making of a Political Philosopher*. Brandeis University Press.

Sieg, Ulrich 2008, *Jüdische Intellektuelle im Ersten Weltkrieg. Kriegserfahrungen, weltanschauliche Debatten und kulturelle Neuentwürfe*, 2., unveränderte Auflage. Akademie Verlag.

Simmel, Georg 1896 (1992), "Soziologische Aesthetik." in *Gesamtausgabe 5*. Suhrkamp Verlag.（「社会学的美学」『ジンメル・コレクション』北川東子［編訳］、鈴木直［訳］、筑摩書房（ちくま学芸文庫）、一九九九年）。

Simon, Ernst 1935, "Zu Hermann Cohens Spinoza-Auffassung." *Monatsschrift für Geschichte und Wissenschaft des Judentums* 79.

Smith, Steven B. 2006, "Strauss's Spinoza." in *Reading Leo Strauss. Politics, Philosophy, Judaism*. University of Chicago Press.

Stegmaier, Werner/Krochmalnik, Danier (Hrsg.) 1997, *Jüdischer Nietzscheanismus*. Walter de Gruyter.

Steiner, Stephan 2012, *Weimar in America. Leo Strauss' Politische Philosophie*. Mohr Siebeck.

Stern-Taeubler, Selma 1958, "Eugen Taeubler and the "Wissenschaft des Judentums"." *Leo Baeck Institute Year Book* III.

Strauss, Herbert A. 1990, "Das Ende der Wissenschaft des Judentums in Deutschland: Ismar Elbogen und Eugen Taeubler." in *Bibliographie und Berichte: Festschrift für Werner Schochow*, herausgegeben von Hartmut Walravens. K. G. Saur.

Strauss, Leo 1924a (2008), "Cohens Analyse der Bibel-Wissenschaft Spinozas." in *Gesammelte Schriften*, Band 1, Die Religionskritik Spinozas und zugehörige Schriften, unter Mitwirkung von Wiebke Meier, herausgegeben von Heinrich Meier, Dritte, erneut durchgesehene und erweiterte Auflage. Verlag J. B. Metzler.

——1924b (1997) "Zur Auseinandersetzung mit der europäischen Wissenschaft." in *Gesammelte Schriften*, Band 2, Philosophie und Gesetz-Frühe Schriften, unter Mitwirkung von Wiebke Meier, herausgegeben von Heinrich Meier. Verlag J. B. Metzler.

——1926 (2008), "Zur Bibelwissenschaft Spinozas und seiner Vorläufer." in *Gesammelte Schriften*, Band 1, Die Religionskritik Spinozas und zugehörige Schriften, unter Mitwirkung von Wiebke Meier, herausgegeben von Heinrich Meier, Dritte, erneut durchgesehene und erweiterte Auflage. Verlag J. B.

Metzler.

——1929 (1997), "Franz Rosenzweig und die Akademie für die Wissenschaft des Judentums." in *Gesammelte Schriften*, Band 2, Philosophie und Gesetz-Frühe Schriften, unter Mitwirkung von Wiebke Meier, herausgegeben von Heinrich Meier. Verlag J. B. Metzler.

——1932 (2001), "Das Testament Spinozas." in *Gesammelte Schriften*, Bd. 1: Die Religionskritik Spinozas und zugehörige Schriften, unter Mitwirkung von Wiebke Meier, herausgegeben von Heinrich Meier, Zweite, durchgesehene und erweitere Auflage. Verlag J. B. Metzler（「スピノザの遺言」佐藤貴史［訳］、『思想』第一〇一四号、二〇〇八年）。

——1935 (1997), *Philosophie und Gesetz. Beiträge zum Verständnis Maimunis und seiner Vorläufer.* Gesammelte Schriften, Band 2, Philosophie und Gesetz-Frühe Schriften, unter Mitwirkung von Wiebke Meier, herausgegeben von Heinrich Meier. Verlag J. B. Metzler.

——1953, *Natural Right and History*. University of Chicago Press（『自然権と歴史』塚崎智・石崎嘉彦［訳］、筑摩書房（ちくま学芸文庫）、二〇一三年）。

——1965 (1995), "Preface to Spinoza's Critique of Religion." in *Liberalism Ancient and Modern*. University of Chicago Press（「『スピノザの宗教批判』への序言」『リベラリズム　古代と近代』石崎嘉彦・飯島昇藏［訳者代表］、ナカニシヤ出版、二〇〇六年）。

——1967 (1997), "Jerusalem and Athens." in *Jewish Philosophy and the Crisis of Modernity. Essays and Lectures in Modern Jewish Thought*, edited with an Introduction by Kenneth Hart Green. State University of New York Press.

——1988, *What is Political Philosophy? and Other Studies*. University of Chicago Press（『政治哲学とは何であるか？とその他の諸研究』飯島昇藏・石崎嘉彦・近藤和貴・中金聡・西永亮・高田宏史［訳］、早稲田大学出版部、二〇一四年）。

——1989a, "Thucydides: The Meaning of Political History." in *The Rebirth of Classical Political Rational-*

ism. An Introduction to the Thought of Leo Strauss. Essays and Lectures by Leo Strauss, selected and introduced by Thomas L. Pangle. University of Chicago Press（「トゥキュディデス——政治史の意味」『古典的政治的合理主義の再生』石崎嘉彦［監訳］、ナカニシヤ出版、一九九六年）。

——1989b, “Progress or Return?.” in *The Rebirth of Classical Political Rationalism. An Introduction to the Thought of Leo Strauss.* Essays and Lectures by Leo Strauss, selected and introduced by Thomas L. Pangle. University of Chicago Press（「進歩か回帰か」『古典的政治的合理主義の再生』、石崎嘉彦［監訳］、ナカニシヤ出版、一九九六年）。

——1989c, “How to Begin to Study Medieval Philosophy.” in *The Rebirth of Classical Political Rationalism. An Introduction to the Thought of Leo Strauss.* Essays and Lectures by Leo Strauss, selected and introduced by Thomas L. Pangle. University of Chicago Press（「中世哲学をいかに学び始めるか」『古典的政治的合理主義の再生』石崎嘉彦［監訳］、ナカニシヤ出版、一九九六年）。

——1995, “Introductory Essay.” in *Religion of Reason out of the Sources of Judaism* by Hermann Cohen, translated, with an Introduction by Simon Kaplan, Introductory Essays for the second edition by Steven S. Schwarzschild, Kenneth Seeskin. Scholars Press（「ヘルマン・コーエン『理性の宗教』への導入的試論」合田正人［訳］、『思想』第一〇一四号、二〇〇八年）。

——2000, *On Tyranny,* Revised and Expanded Edition Including the Strauss-Kojève Correspondence, edited by Victor Gourevitch and Michael S. Roth. University of Chicago Press.（『僭主政治について（上）』石崎嘉彦・飯島昇藏・面一也［訳］、現代思潮新社、二〇〇六年；『僭主政治について（下）』石崎嘉彦・飯島昇藏・金田耕一他［訳］、現代思潮新社、、二〇〇七年）。

——2001, “Korrespondenz Leo Strauss-Gershom Scholem.” in *Gesammelte Schriften,* Band 3, Hobbes’ Politische Wissenschaft und zugehörige Schriften-Briefe, herausgegeben von Heinrich und Wiebke Meier. Verlag J. B. Metzler.

Taeubler, Eugen 1918（1977）, “Die Akademie für die Wissenschaft des Judentums. Ein Aufruf und ein Programm." in *Aufsätze zur Problematik jüdischer Geschichtsschreibung 1908–1950*. J. C. B. Mohr.

——1920(1977), "Das Forschungs-Institut für die Wissenschaft des Judentums. Organisation und Arbeitsplan." in *Aufsätze zur Problematik jüdischer Geschichtsschreibung 1908–1950*. J. C. B. Mohr.

Troeltsch, Ernst 1913(2001), "Renaissance und Reformation." in *Kritische Gesamtausgabe, Schriften zur Bedeutung des Protestantismus für die moderne Welt(1906-1913)*, Band 8, herausgegeben von Trutz Rendtorff in Zusammenarbeit mit Stefan Pautler. Walter de Gruyter(『ルネサンスと宗教改革』内田芳明[訳]、岩波書店(岩波文庫)、一九五九年)。

——1922a(2008), *Der Historismus und seine Probleme. Erstes Buch: Das logische Problem der Geschichtsphilosophie(1922)*, Kritische Gesamtausgabe, Band 16. 1, herausgegeben von Friedrich Wilhelm Graf in Zusammenarbeit mit Matthias Schloßberger. Walter de Gruyter(『歴史主義とその諸問題(上)』近藤勝彦[訳]、トレルチ著作集四、ヨルダン社、一九八〇年;『歴史主義とその諸問題(中)』近藤勝彦[訳]、トレルチ著作集五、ヨルダン社、一九八二年;『歴史主義とその諸問題(下)』近藤勝彦[訳]、トレルチ著作集六、ヨルダン社、一九八八年)。

——1922b(2008), *Der Historismus und seine Probleme. Erstes Buch: Das logische Problem der Geschichtsphilosophie(1922)*, Kritische Gesamtausgabe, Band 16. 2, herausgegeben von Friedrich Wilhelm Graf in Zusammenarbeit mit Matthias Schloßberger. Walter de Gruyter(『歴史主義とその諸問題(上)』近藤勝彦[訳]、トレルチ著作集四、ヨルダン社、一九八〇年;『歴史主義とその諸問題(中)』近藤勝彦[訳]、トレルチ著作集五、ヨルダン社、一九八二年;『歴史主義とその諸問題(下)』近藤勝彦[訳]、トレルチ著作集六、ヨルダン社、一九八八年)。

——1922c(2002), "Die Krisis des Historismus." in *Kritische Gesamtausgabe. Schriften zur Politik und Kulturphilosophie (1918-1923)*, Band. 15, herausgegeben von Gangolf Hübinger in Zusammenarbeit mit Johannes Mikuteit. Walter de Gruyter.

——1923(2002), "Naturrecht und Humanität in der Weltpolitik." in *Kritische Gesamtausgabe. Schriften zur*

Politik und Kulturphilosophie (1918-1923), Band. 15, herausgegeben von Gangolf Hübinger in Zusammenarbeit mit Johannes Mikuteit. Walter de Gruyter（「世界政策における自然法と人間性」『ドイツ精神と西欧』西村貞二〔訳〕、筑摩書房（筑摩叢書）、一九七〇年）。

——1934, "The Ideas of Natural Law and Humanity in World Politics." in *Natural Law and The Theory of Society 1500 to 1800*, by Otto Gierke, translated with an Introduction by Ernest Barker, Volume I. Cambridge University Press.

Werblowsky, R. J. Zwi 1964, "Introduction." in *Philosophies of Judaism*, by Julius Guttmann, Holt. Rinehart and Winston.

Wertheim, David J. 2011, *Salvation through Spinoza: A Study of Jewish Culture in Weimar Germany*. Brill.

Wiedebach, Hartwig 1997, *Die Bedeutung der Nationalität für Hermann Cohen*. Georg Olms Verlag.

——1999, "Hermann Cohens Auseinandersetzung mit dem Zionismus. Briefe von Hermann Cohen und Hermann Badt an Martin Buber." *Jewish Studies Quarterly*, Vol. 6.

Wiese, Christian 2003, "Julius Guttmann." in *Metzler Lexikon Jüdischer Philosophen. Philosophisches Denken des Judentums von der Antike bis zur Gegenwart*. Verlag J. B. Metzler.

邦訳・邦語文献

ウォーリン、リチャード　二〇〇四『ハイデガーの子どもたち——アーレント／レーヴィット／ヨーナス／マルクーゼ』村岡晋一・小須田健・平田裕之〔訳〕、木田元〔解説〕、新書館。

ガーダマー、ハンス＝ゲオルク　一九九六『ガーダマー自伝——哲学修行時代』中村志朗〔訳〕、未來社。

カフカ、フランツ　一九八一「父への手紙」『決定版カフカ全集3』（マックス・ブロート編集）飛鷹節〔訳〕、新潮社。

ゲイ、ピーター　一九八七『ドイツの中のユダヤ——モダニスト文化の光と影』河内恵子〔訳〕、思索社。

―― 一九九九『ワイマール文化』亀嶋庸一［訳］、みすず書房。

ゴンザレス、フスト 二〇一〇『キリスト教思想史I――キリスト教の成立からカルケドン公会議まで』石田学［訳］、新教出版社。

ジェイ、マーティン 一九七五『弁証法的想像力――フランクフルト学派と社会研究所の歴史 一九二三―一九五〇』荒川幾男［訳］、みすず書房。

シェストフ、レフ 一九三四『シェストフ選集（第一巻）』、三木清［監修］、改造社。

―― 一九三五『シェストフ選集（第二巻）』、三木清［監修］、改造社。

―― 一九七五『アテネとエルサレム』植野修司［訳］、雄渾社。

ジーク、ウルリヒ 一九九七『大学と哲学――マールブルク大学における哲学史』東洋大学井上円了記念学術センター大学史部会［訳］、理想社。

ジルソン、エチエンス 一九八二『中世における理性と啓示』峠尚武［訳］、行路社。

スタイナー、ジョージ 二〇一一『師弟のまじわり』高田康成［訳］、岩波書店。

スピノザ 二〇一四『神学・政治論（上）（下）』吉田量彦［訳］、光文社（光文社古典新訳文庫）。

『タルムード――マッコート篇』一九九六、市川裕［翻訳監修］、阪口吉弘［訳］、三貴。

ナップ、ゲルハルト・P 一九九四『評伝エーリッヒ・フロム』滝沢正樹・木下一哉［訳］、新評論。

ナドラー、スティーヴン 二〇一二『スピノザ――ある哲学者の人生』有木宏二［訳］、人文書館。

ニーチェ、フリードリッヒ 一九九三a『ツァラトゥストラ（上）』吉沢伝三郎［訳］、ニーチェ全集九、筑摩書房（ちくま学芸文庫）。

―― 一九九三b『ツァラトゥストラ（下）』吉沢伝三郎［訳］、ニーチェ全集十、筑摩書房（ちくま学芸文庫）。

―― 一九九三c「道徳の系譜」信太正三［訳］、『善悪の彼岸／道徳の系譜』、ニーチェ全集一一、筑摩書房（ちくま学芸文庫）。

―― 一九九四a『人間的、あまりに人間的I』池尾健一［訳］、ニーチェ全集五、筑摩書房（ちくま学芸文庫)。

――一九九四b「反キリスト者」原佑[訳]、『偶像の黄昏/反キリスト者』、ニーチェ全集一四、筑摩書房(ちくま学芸文庫)。

パノフスキー、アーウィン 一九七三『ルネサンスの春』中森義宗・清水忠[訳]、思索社。

ハーバーマス、ユルゲン 二〇〇六「マックス・ホルクハイマーの命題『神なくして無制約の意味を救済することは空しいことである』に寄せて――アルフレート・シュミット六〇歳の誕生日に」『テクストとコンテクスト』佐藤嘉一・井上純一・赤井正二・出口剛司・斎藤真緒[訳]、晃洋書房。

――二〇〇九「信仰と知識」『引き裂かれた西洋』大貫敦子・木前利秋・鈴木直・三島憲一[訳]、法政大学出版局。

ビアール、デイヴィッド 一九八四『カバラーと反歴史――評伝ゲルショム・ショーレム』木村光二[訳]、晶文社。

ブルクハルト、ヤーコプ 一九六六『イタリア・ルネサンスの文化』柴田治三郎[訳]、世界の名著45、中央公論社。

ブーレッツ、ピエール 二〇一一a『20世紀ユダヤ思想家――来るべきものの証人たち1』合田正人・柿並良佑・渡名喜庸哲・藤岡俊博・三浦直希[訳]、みすず書房。

――二〇一一b『20世紀ユダヤ思想家――来るべきものの証人たち2』合田正人・渡名喜庸哲・藤岡俊博[訳]、みすず書房。

――二〇一三『20世紀ユダヤ思想家――来るべきものの証人たち3』合田正人・渡名喜庸哲・三浦直希[訳]、みすず書房。

ヘルツル、テオドール 一九九一『ユダヤ人国家――ユダヤ人問題の現代的解決の試み』佐藤康彦[訳]、法政大学出版局。

ホルクハイマー、マックス/アドルノ、テオドール・W 二〇〇七『啓蒙の弁証法』徳永恂[訳]、岩波書店(岩波文庫)。

マイアー、ハインリッヒ 二〇一〇『レオ・シュトラウスと神学―政治問題』石崎嘉彦・飯島昇藏・太田義器［監訳］、晃洋書房。

ミシュレ、ジュール 二〇一〇『フランス史Ⅲ――16世紀 ルネサンス』大野一道・立川孝一［監修］、大野一道［責任編集］、大野一道・菊地英里香・坂本さやか・佐藤正樹・長谷川光明・ボアグリオ治子［訳］、藤原書店。

ミュラー＝ドーム、シュテファン 二〇〇七『アドルノ伝』徳永恂［監訳］、紫嵜雅子・春山清純・辰巳伸知・長澤麻子・宮本真也・北岡幸代［訳］、作品社。

ヨーナス、ハンス 二〇〇九『アウシュヴィッツ以後の神』品川哲彦［訳］、法政大学出版局。

ヨナス、ハンス 二〇一〇『ハンス・ヨナス「回想記」』盛永審一郎・木下喬・馬渕浩二・山本達［訳］、東信堂。

ラカー、ウォルター 一九九四『ユダヤ人問題とシオニズムの歴史〈新版〉』高坂誠［訳］、第三書館。

リベスキンド、ダニエル 一九九五「未だ生まれざる者の痕跡」『建築文化』鈴木圭介［訳］、Vol. 50、No. 590、彰国社。

リベスキンド、ダニエル／小林康夫〈対談〉 一九九五「「歴史」という空間」『建築文化』、Vol. 50、No. 590、彰国社。

リンガー、フリッツ・K 一九九一『読書人の没落――世紀末から第三帝国までのドイツ知識人』西村稔［訳］、名古屋大学出版会。

レーヴィット、カール 一九九〇『ナチズムと私の生活――仙台からの告発』秋間実［訳］、法政大学出版局。

レヴィナス、エマニュエル 一九九三「聖書とギリシャ人たち」『諸国民の時に』合田正人［訳］、法政大学出版局。

――― 二〇〇八a「「二つの世界のあいだで」〈フランツ・ローゼンツヴァイクの道〉」『困難な自由』［増補版・定本全訳］合田正人［監訳］、三浦直希［訳］、法政大学出版局。

――― 二〇〇八b「ユダヤ教と現代」『困難な自由』［増補版・定本全訳］合田正人［監訳］、三浦直希［訳］、法政大学出版局。

井筒俊彦　一九八八「中世ユダヤ哲学史」『ユダヤ思想2』、岩波講座東洋思想、岩波書店。

上山安敏　二〇〇九『ブーバーとショーレム――ユダヤの思想とその運命』、岩波書店。

大竹弘二　二〇〇五「現実政治から帝国主義へ――前期のフランツ・ローゼンツヴァイクにおける世俗化論と世界史観」『UTCP研究論集』(3)、東京大学21世紀COE「共生のための国際哲学交流センター」。

――　二〇〇六「ユダヤ―ドイツ的ナショナリズムと国際連盟理念――ヘルマン・コーエンの政治思想」『社会思想史研究』、No. 30。

――　二〇〇八「リベラリズム、ユダヤ人、古代人――レオ・シュトラウスにおける啓示の二義性」『思想』第一〇一四号、岩波書店。

金子晴勇　二〇〇二『ヨーロッパの人間像――「神の像」と「人間の尊厳」の思想史的研究』、知泉書館。

佐藤貴史　二〇〇八「レオ・シュトラウス「スピノザの遺言」への「訳者解題」」『思想』第一〇一四号、岩波書店。

――　二〇一〇a「想起の都市、過去の召還――W・ベンヤミンのメシア的時間論の思想的射程」『聖学院大学総合研究所紀要』第四八号。

――　二〇一〇b『フランツ・ローゼンツヴァイク――〈新しい思考〉の誕生』、知泉書館。

――　二〇一一a「ユダヤ・ルネサンスの行方、ローゼンツヴァイクの挫折――二〇世紀ユダヤ思想史における近代批判の諸相」『思想』第一〇四五号、岩波書店。

――　二〇一一b「野蛮への転落？――J・グットマンとL・シュトラウスにおける実存主義批判」『北海学園大学人文論集』第四九号。

――　二〇一一c「カオスからの創造――ブーバー、ショーレム、ユダヤ青年運動」『年報　新人文学』第八号、北海学園大学大学院文学研究科。

――　二〇一二「マケドニクス〔フランツ・ローゼンツヴァイク〕「北西と南東」への「訳者解題」」『思想』第一〇五六号、岩波書店。

田中純　二〇〇一『アビ・ヴァールブルク――記憶の迷宮』、青土社。

徳永恂 二〇〇九『現代思想の断層――「神なき時代」の模索』、岩波書店（岩波新書）。
―― 二〇一一a「ヘルマン・コーエンとゲオルク・ジンメルをめぐる「同化」の問題（上）――ドイツ・ユダヤ精神史の断層」『思想』第一〇四九号、岩波書店。
―― 二〇一一b「ヘルマン・コーエンとゲオルク・ジンメルをめぐる「同化」の問題（下）――ドイツ・ユダヤ精神史の断層」『思想』第一〇五〇号、岩波書店。
中金聡 二〇一〇「快楽主義と政治――レオ・シュトラウスのエピクロス主義解釈について」『政治哲学』第九号、政治哲学研究会。
長田浩彰 二〇一一『われらユダヤ系ドイツ人――マイノリティから見たドイツ現代史 1893―1951』、広島大学出版会。
馬場智一 二〇〇八「哲学と法――初期レオ・シュトラウスによるマイモニデス解釈の基礎とその関心」『思想』第一〇一四号、岩波書店。
深井智朗 二〇一一『思想としての編集者――現代ドイツ・プロテスタンティズムと出版史』、新教出版社。
―― 二〇一二『ヴァイマールの聖なる政治的精神――ドイツ・ナショナリズムとプロテスタンティズム』、岩波書店。
細見和之 二〇〇九『「戦後」の思想――カントからハーバーマスへ』、白水社。
安酸敏眞 一九九八『レッシングとドイツ啓蒙――レッシング宗教哲学の研究』、創文社。
―― 二〇一二『歴史と解釈学――《ベルリン精神》の系譜学』、知泉書館。

あとがき

まず、ベンヤミンの言葉を引用したい。

ひとつの仕事（作品）のなかにひとつの生のなした全仕事（全作品）が、この全仕事（全作品）のなかにその時代が、その時代のなかに歴史経過の全体が、保存されており、かつ止揚されているのである。歴史的に把握されたものという滋養ある果実は、その内部に、貴重な味わいのある、がしかし趣味的な味とは無縁の種子として、時間をはらんでいる（Benjamin 1940(1978), 703／六六二）。

考えてみると、このベンヤミンの言葉はつねにわたしの拠り所であった。本書は複数の思想家を扱っているので、ひとりの思想家、そしてひとつの仕事（作品）を集中的に読み込んだ前著『フランツ・ローゼンツヴァイク――〈新しい思考〉の誕生』（知泉書館、二〇一〇年）とは異なるが、それでもとりあげた個々の仕事（作品）のなかに宿っている思想家たちの全体像、彼らが生きた時代の雰囲気、そしてひとつの時代を包摂する歴史を何とか探り出したいと願った。その不完全で切れ切れの断片をつなぎ合わせることで、〈ドイツ・ユダヤ思想の光芒〉を描けるのではと、わたしは夢想した。

本書はアテネとエルサレムの関係を根本モチーフとしているが、それはシュトラウス的なパースペクティブから書かれていると言ってもよいかもしれない。ここ数年、わたしにとってシュトラウスは思想史を見るときのレンズの役割を果たしている。これと並んでシュトラウスほど表にはあらわれないが、しかし決定的なテーマとして伏在しているのがトレルチ的な歴史主義の問題である。前著でも終章において歴史主義／反歴史主義の問題を扱ったが、本書でもその問題意識が継続していることをあらためて確認することができた。

そもそもアテネとエルサレムの問題を扱うこと自体がわたしにとって無謀な試みであることは、十分承知しているつもりである。それでもなお二つの偉大な都市／廃墟にこだわったのは、この主題が〈古典的〉――シュトラウスは「啓蒙と正統派のあいだの古典的論争」を反復し、再理解することを要求したが、これもまたアテネとエルサレムの問題に通じている――だからであり、わたしの問題関心はこの一語に尽きている。

旧い問いに新しい答えを出すこと、そして新しい問いに旧い答えで応じること――どちらも別におかしなことではない。しかし、新／旧の関係を優／劣という固定された価値づけのなかにおきだすと、人は偏見に囚われ、事の本質を見誤ってしまう。旧い問いにも、旧い答えにもすぐれたものがあるに違いない。だからこそ人は古典を繙くのであり、近代世界に生まれたドイツ・ユダヤ人もみずからの苦境を理解し解釈するために、ヘブライ語を学び、聖書を開き、中世の哲学者やスピノザを読み直したのである。

　正直、日本という場所に生きるわたしにとって、アテネとエルサレムの問題が何を意味し、本当に理解できるのだろうかと自問したことが幾度もあった。だが、「岩波現代全書発刊に際して」に書かれている「いまここに到来しつつあるのはいかなる時代なのか」という問いを読むたびに、わたしは閉ざされた空間ではなく、異文化が目まぐるしく交流し、つなぎ目なくひとつになろうとする世界のなかで生きているという現実を強く意識せざるをえなかった。ドイツ・ユダヤ人が経験した〈理性の腐食〉や〈神なき人間の悲惨〉は、今日の世界にも引き継がれていると同時に大きく変貌もしている。理性偏重の科学技術や中東での激しい対立のニュースは、アテネとエルサレムの問題は衰えることを知らず、古代人たちと近代人たちの論争はいまだ続いているという事実を人々に告げている。そして、そう考えたとき、非常に遠回りではあったかもしれないが、わたしは二つの偉大な都市／廃墟、そしてドイツ・ユダヤ人の思想的格闘から何事かを学べるのではないかと強く思ったのである。

＊

「ここまでなら手が届くのでは……」と思いながら、わたしは本書を書いた。政治哲学、政治思想史、人間学、キリスト教学、神学、哲学、社会学――学部から大学院、もちろんその後も、わたしはそれぞれの学問分野を代表するような諸先生から多くを学んできたが、そこで同時にみずからの未熟さを痛感する経験もしたし、諸先生に不義理も重ねた。だが、それは〈幸福〉としか表現できない時間であったことも否定できない事実である。それぞれの先生に感謝の意を表したいが、「あとがき」に多くの先生の名前を連ねることは、どこかで自分を権威づけしているのではないかという気持ちにも駆られる。また名前を挙げたからと言って、不義理が許されるはずもない。諸先生には、直接そして心から「ありがとうございました」と言うことにしたい。

二〇一四年六月二一日、わたしは京都ユダヤ思想学会に参加した。シンポジウムのテーマは「アウシュヴィッツ以後の「ユダヤ的なるもの」」であり、奇しくもそこではハンス・ヨナスの思想を中心に「哲学者であることとユダヤ人であることの緊張」が議論されていた。また二〇一五年は、ブーバーがこの世を去って五〇年目になる節目の年であることも教えられた。本書の内容とも響きあう議論に出会えたことで、執筆に大きな弾みがついたし、励みにもなった。京都ユダヤ思想学会、そしてそこで出会った方々に心より感謝申し上げたい。

本書は既発表論文と書下ろしの部分から構成されており、既発表論文については参考文献一覧を参照していただきたい。しかし、そのなかでも本書の構成と内容に対して決定的な意味を持った論文としてあげなければならないのが、「ユダヤ・ルネサンスの行方、ローゼンツヴァイクの挫折——二〇世紀ユダヤ思想史における近代批判の諸相」(『思想』第一〇四五号、岩波書店、二〇一一年)である。

『思想』論文をきっかけとして、当時、同誌編集部におられた互盛央さんから本書の執筆の話をいただいたと記憶している。いや、『思想』論文の執筆の機会を与えてくれたのも、やはり互さんであった。こうして互さんは、わたしに自由な思考の場を用意してくれたのである。

また本書の第2章の議論のなかには、「中欧」の歴史的・思想的問題を特集した『思想』(第一〇五六号、二〇一二年)に掲載された拙文が含まれている。そのときは互さんだけでなく、やはり当時、同編集部におられた岡林彩子さんにもお世話になった。いまから思えば、二人は本書を書きはじめるための種蒔きの段階からわたしのそばに寄り添っていてくださったのである。

原稿を書き上げた後で、わたしと一緒に本書の誕生のために悪戦苦闘してくれたのが馬場公彦さんである。怠惰なわたしの行動やメールに素早く丁寧に対応してくださり、いつも頭の下がる思いであった。

わたしは、三人のすぐれた編集者に囲まれながら本書を執筆した。非力ながらも、わたしは——もちろん、期待してくれていたならばの話だが——彼女／彼たちの期待に何とか応えたいと思い、書くべきことはすべて本文に書こうと決めた。それゆえ、本書には引用個所や参照を示した注しかなく、いわゆる議論を補足する注は付けていない。それは紙幅の都合などでは断じてなく、そのようにしようと決めたからであり、それで彼女／彼たちに応えたいと——迷惑ながら勝手に——考えたのである。少しでもその思いが伝わることを願うばかりであり、これが互さん、岡林さん、馬場さん、そして見えないところでわたしを支えてくださった出版社の皆さんに対する、わたしなりの感謝の表現である。

もうひとつだけ書きとめておきたいことがある。ここ数年、本書の執筆も含め大学内外での仕事が思うように進まず、多くの方々に迷惑をかけ、頭を抱える日々が続いた。そんななかでも、池田陽子さんは食卓を整え待っていてくれた。また本書の草稿にも目を通してもらった。わたしのいいかげんな性格が、これからも彼女に迷惑をかけてしまうのだろうとも考えてしまう。それでもやはり――なかなか普段は面と向かって言うことはないが――「ありがとう」とだけは伝えておかなければならない。

二〇一四年一二月

佐藤貴史

本研究は JSPS 科研費 26770036 の助成を受けたものです。

佐藤貴史
1976年北海道生まれ，国士舘大学政経学部二部政治学科卒業，聖学院大学大学院アメリカ・ヨーロッパ文化学研究科博士後期課程修了．博士(学術)．現在，北海学園大学人文学部准教授．思想史．
著書に『フランツ・ローゼンツヴァイク――〈新しい思考〉の誕生』(知泉書館，2010年)，訳書にヒラリー・パトナム『導きとしてのユダヤ哲学――ローゼンツヴァイク，ブーバー，レヴィナス，ウィトゲンシュタイン』(法政大学出版局，2013年)がある．

岩波現代全書 062
ドイツ・ユダヤ思想の光芒

2015年5月19日　第1刷発行

著　者　佐藤貴史《さとうたかし》

発行者　岡本　厚

発行所　株式会社 岩波書店
〒101-8002 東京都千代田区一ツ橋2-5-5
電話案内 03-5210-4000
http://www.iwanami.co.jp/

印刷・三陽社　カバー・半七印刷　製本・松岳社

ISBN 978-4-00-029162-0　Printed in Japan

岩波現代全書発刊に際して

いまここに到来しつつあるのはいかなる時代なのか。新しい世界への転換が実感されながらも、情況は錯綜し多様化している。先人たちは、山積する同時代の難題に直面しつつ、解を求めて学術を頼りに知的格闘を続けてきた。その学術は、いま既存の制度や細分化した学界に安住し、社会との接点を見失ってはいないだろうか。メディアは、事実を探求し真実を伝えることよりも、時流にとらわれ通念に迎合する傾向を強めてはいないだろうか。

現在に立ち向かい、未来を生きぬくために、求められる学術の条件が三つある。第一に、現代社会の裾野と標高を見極めようとする真摯な探究心である。第二に、今日的課題に向き合い、人類が営々と蓄積してきた知的公共財を汲みとる構想力である。第三に、学術とメディアと社会の間を往還するしなやかな感性である。様々な分野で研究の最前線を行く知性を見出し、諸科学の構造解析力を出版活動に活かしていくことは、必ずや「知」の基盤強化に寄与することだろう。

岩波書店創業者の岩波茂雄は、創業二〇年目の一九三三年、「現代学術の普及」を旨に「岩波全書」を発刊した。学術は同時代の人々が投げかける生々しい問題群に向き合い、公論を交わし、積極的な提言をおこなうという任務を負っていた。人々もまた学術の成果を思考と行動の糧としていた。「岩波全書」の理念を継承し、学術の初志に立ちかえり、現代の諸問題を受けとめ、全分野の最新最良の成果を、好学の読書子に送り続けていきたい。その願いを込めて、創業百年の今年、ここに「岩波現代全書」を創刊する。

（二〇一三年六月）